詩

Sizip

서웅교 차승진 박필우

홍익출판

prologue

"삶의 비극은 인간이 만든 또 다른 유희에 존재한다"

초경의 두려움과 설레임이 이럴까.
삼인삼색 글쟁이가 세월을 뛰어넘어,
일상에서 벗어나 하룻밤을 함께 보내곤 하였다.

과거를 펼쳐 마주하고,
제각각 시선이 닿지 못하는 곳에서 서로를 품었다.
이처럼 삶의 과정을 거스르며 우정을 나누다 의기투합,
메모처럼 써둔 詩(시)를 모았다.

중견 소설가와 시인, 그리고 스토리텔링 작가의 만남,
씨실과 날실의 결연이라는 자찬이 한 권의 책으로
일취월장하게 된 듯하다.

더 늦은 밤이 찾아오기 전에 서두르다
실수하는 것은 아닌지 걱정이다.
주목받지 못하는 작은 풀꽃처럼 살아간 세월,
그럼에도 불구하고 하늘이 내려다보았을 거라는
기대는 저버리지 않았다.

아버님과의 인연이 짙어서일까. 묻지도 따지지도 않고
시집을 출판 해준 홍익의 김언경 대표와
바쁜 중에도 편집을 도맡아준 조영성 님께 고마움을 전한다.

순서 1 서웅교 10

세태

회상

서정 그리고

순서 2 차승진 88

순서 3 박필우 186

서웅교

바라보노라, 내 너를 바라보노라

고개 뒤 세상을 유추하며
지나간 시간을 밟고 올라선 사람아

멀쩡한 사지로 타인의 그늘로만 걸어와,
돌아와 보니, 가을서리처럼 스산한 그대여

돌아보니 한두 번쯤 진정 웃은 날 있었던가
그건 세월의 덤으로 덤으로
쩡 쩡 얼음 갈라지는 소리 품고만 살았지

몇 십 년 구겨 입은 헐렁한 소매처럼
저물녘에야 조금 느슨해진 그대여

• 서웅교

보물찾기

쥐뿔도 없는 태생
가진 건 털털이지만
살면서 잔병도 없어
정신은 말짱해요 자랑 질 했더니

아하 그랬구나
세월님이 알게 모르게
내 몸 구석구석
보물찾기 씨를 부려 두셨구나

겉은 멀쩡
속은 내 몸 사용 부작용의 시작
하루 다르게 정신은 오락가락
마음은 화살 몸은 굼벵이

새해 들어 가는 병원마다 충격
이제야 찾아내는 몸속 보물찾기
입 닥치고 법적 노인으로
공손하게 살라는 뜻.

세태 풍자

• 서웅교

부대찌개와 비빔밥 그리고 연어

이제나 저제나
그는 누군가의 주제가 아닙니다

누군가의 주제란 독자적 풍미라
독자적 풍미란 새로움을 만드는 것이고
새로운 하나하나에 지문을 그려 넣는 것, 허나
그에겐 그런 신선함이 없는 탓입니다

적어도 오채 나물과
살짝 계란고명까지 얹은 비빔밥엔
갓 볶아 낸 식재료가 필요하지만

그가 살아온 건 마스터가 아닌 참모의 삶입니다
독자적이지 못해 함께 묻어가는 티끌 같은
빈 뒷설거지처럼 섞이고 섞여
그저 그런 입맛의 사차원 잡탕의 삶이었음을 시인할 수 밖에요

그는 비빔밥 같은 주 메뉴도 아닙니다

그렇다고 꿈이 없던 것도 아닙니다
주제에서 부제로 바뀐 건
유통기한의 급박함 내지 허기를 대체할
진행형 때문이었죠

그래서 사랑할 수밖에요
이도 저도 아닌 밍밍한 숭늉 같지만
반백년 넘게 입맛 찾게 한 당당한 그 이름, 부대찌개로

그건 바로 내 인생과 같았습니다
하고 싶은 일, 평생 접고 살아왔지만
언젠가 연어처럼 회귀하여
못했던 일들 마음껏 누리며 살리라

연어처럼, 귀향하는 연어처럼 말입니다.

....

2016. 2. 12.
손닿는 대로 넣고 끓인 생계형 찌개 뜻.

• 서웅교

네안데르탈인이라고 불렀다

감히 네안데르탈인이라고 불렀다
그도 피차일반이라고 했다
못 생긴 자들끼리 앙숙이 되었다
건들면 톡톡 쏘는 거리감
그래서 멀어져 갔어
아주 멀리
NS극의 변이처럼 무덤덤하게

다른 수많은 반대 극이 당기고 다가와도
이상하게 별일은 없었어
밤이 와야 별도 딸 텐데
님도 보고 뽕도 딸 텐데
있어야할 별 볼 일이 없었는데
별 볼일이 없어지니 외로웠어
나이가 드나 봐

어느 날 네안데르탈인이 별을 끌고 왔어
자존심에 안 보려 했더니

점점 더 크게 보였어. 웃겼어
근데 황홀 했어, 빛났어

그가 말 했어
넌 네안데르탈 인 중 가장 아름답다고

나도
결국 말했어
피차일반이라고

미운 정도 정이라며.

....

2015. 12. 2.
살다보면 이쁜이도 옥떨메도 다 똑같은 것이여.
마음이 문제지

• 서웅교

스마일 증후군

나는 꽃이다
난 시들지도 지지도 않는다
백일홍 천리향보다
영원한 꽃잎과 향을 지닌
견딜 수 없는 존재의 가벼움

나는 조화다
난 처음부터 만들어진 건 아니다
웃고 화내고 슬퍼할 줄 알고
열매도 곧잘 맺는
거스를 수 없는 생명의 순환이
내게도 있다

그들은 내게 말했다
늘 활짝 피어 향기를 보이라며
비를 맞고 바람에 흔들리는
나의 일상조차 무시하라고
난 마트로시카 인형처럼
벗겨내도 언제나 그 모습이기를

네 발등에 입맞춤을 요구하는
그 이기심에 치가 떨렸다

모든 것 벗어 던지고
화사한 봄 햇살로 나서는 꿈을 꾼다
경직된 잎과 썩어가는 향을 버렸다
거부할 수 없는 자각 몽에
보란 듯 웃어보였다

검은 제복이 발아래 구겨지는
그런 꿈을 꾼다.

....

2015. 5. 14.
감정 노동자들이여,
구겨지고 밟혀도 경직된 스마일 입술

• 서웅교

비밀 하나

우연히 그곳을 보았다
누군가 바람을 묶던 비밀의 화원을

정원에 코끼리만한 생쥐와
눈을 먹는 하마가 있었다, 보았다며

밀밭에서 출렁이는 메아리를 들었다.
나귀 귀가 임금님을 닮았다고, 들었다며

수면 위로 메기가 솟구친다
큰 입이 곧 열릴 것 같아
손으로 콕, 밀어 넣었다
부레를 부풀려 다시 떠오른다
입이 가려워 간당간당
입질을 해댄다
아프리카에 북극곰이 산다고
보았다고, 맛보았다며

그날 물속은 온통
본 것과 들은 것이
쟁글쟁글 거렸다

내가 알던 비밀의 문이
활화산처럼 폭발하고파
종일 빗장을 들썩였다.

....

2014. 10. 8.
너만 알고 있어. 처음 얘기하는 거야. 비밀이거든….

• 서웅교

도둑이 들었다

잃은 건 없지만
죽은 생쥐를 밟은 듯
소름이 끼친 것은
온 방안 널브러진 옷가지와
부러진 이빨처럼 튀어나온
옷장의 서랍 때문이었다

지금껏 두 번
어릴 적 고향집 장독대에
작은 과도 하나 던져놓고
기와지붕 타고 도망친 겁 많던 도둑
자투리 돈만 가져가면서
요란하게 방만 어질러놓았던
열네 살 소년 범까지

그 후
아파트 창문엔 철책을 둘렀고
비상키도 바꿨다
바람도 불심검문을 받을

경비 체제에 커지는 쓴 웃음

정작 도둑맞은 건
돈 몇 푼도 비싼 보석도 아닌
서로의 믿음이었다.

....

2014. 8. 5.

• 서웅교

게으른 오후

방 속에서 우산을 찾는다
팔 뻗어 문간의 신문 당긴다
전신마비 환자처럼 온 몸을 아낀다
리모컨을 발로 밀어주는
아내의 눈길이 송곳 같다
살 오른 물범처럼
손은 떡진 머리를 긁을 때나 까딱

주 6일 야근을 했다
실은 술로 보낸 밤이 더 많다
그러니 하루 정도는 쉬어 주어야한다

아버지는 정년이 지나서야 살이 붙었다
지긋한 샐러리맨의 비애가
체지방도 거부했나보다
유전일까 유산일까

난 이미 아빠를 포기 했어
엄마는 요즘 왜 말이 없지

난 아빠처럼 안 될 거야 두고 봐
놀이공원도 레포츠도 안 바라니
요 앞 놀이터라도 함께 갔으면

쪼다 지친 엄마는 거실에 누웠고
아이들만 두런대는 오후.

....
2014. 8. 5.

• 서웅교

난개발

너의 속살이 그립다
보드랍고 여리면서도
거친 바위 한 두 개쯤 간직한
황토 빛 살결
그 발가벗음이 보고픈 건 결코
관음증 때문은 아니다

드문드문 도시의 뒤안길
질곡의 거웃이 잘리고
표토는 뒤집혀 깎이고 쌓여
인공의 나이테로 단장되면
골프장, 고층아파트가
네 숨통을 끊었다

땅보탬한 선인의 진실은 겨우
법정 조경 화단 위로 푸우
한숨 쉬고 떠오를 때에야
여기가 옛 수수골 터였고
저기가 저수지였음을 안다

사방 포장된 인공의 섬
옥수수 익어가던 초가 뒤 텃밭
흙냄새 가득한 알몸의 땅 속이
흘러간 노래만큼 그립다.

2014. 8. 5.

• 서웅교

수족관

다시 어둠이 내렸어
사흘째 밤이다
오늘 하루 무사히 넘긴 걸까
수조 속 백태 낀 우럭 한 마리
꽃 제비처럼 배를 붙였다
몇 번씩 남자의 뜰채에 쫓겨
종일 도망 다니던 전어는
잘바닥잘바닥, 산소방울 위에서
배 까뒤집고 부유하고 있고
엉켜있는 장어가 쟁글쟁글 하다
오늘 낮 몇몇은 주인의 손에
대기권 밖 사형장으로 끌려갔어
처음엔 위기도 몰랐었지
무죄라 주장했지만 증명할 길이 없었거든
누명의 결과는 끔찍했다
그들은 섬뜩한 칼날에 산산이 살이 찢겨
접시 위에서 꽃으로 피어났지
사람들이 잡고 그들이 먹었어
생명의 담보를 만찬이라 하였다

저러고도 인간들은 죽어
비싼 수의 입고 땅보탬을 할 테지
기약 없는 내일이 다시 밝아오는데.

2013. 12. 4.

• 서웅교

견사(犬舍)

덜컹 문이 열렸다
화살처럼 박힌 햇살이 비틀댄다
눈부심은 외려 어색하다
후각 잡는 암모니아 냄새
바람 한 줄기 들이닥치다 헉
숨도 못 쉬고 되돌아간다
사내가 양동이 두 개 들고
순서대로 때 낀 밥통에 쏟는다
누렁이에겐 훈련소 잔 밥이 왔고
새끼 낀 어미들은 고기가 덤이다
철창 두 칸 건너
두 배 째 새끼를 낳은
어미의 얼굴이 초췌하다
여덟 마리의 새끼가 고물댄다
며칠 전 건너편 도사견은
낯선 사내에게 끌려 나갔다
도사견의 입에서 쇠솥 긁는 소리
가는 길 위로 오줌도 지렸다
길게 자란 발톱 철망에 걸린다

젖 뗀 후 헤어진 형제들이
아랫마을 촌부의 마당에서
달 보고 짖는 밤.

2011. 11. 19.
전북 어느 개 사육 농가 – 처참한 모습에
'옜다. 잘 먹고…' 개 영양제 듬뿍 내려주고 왔지

• 서웅교

자화상

바라보노라, 내 너를 바라보노라
고개 뒤 세상을 유추하며
지나간 시간을 밟고 올라선 사람아

그저 낯선 그대여
하얀 낙엽 누더기 누더기 이고
굵은 뿔테 안경만이 제 집 인양 앉은 얼굴

그저 한심한 그대여
살다보니 켜켜이 진 괴나리봇짐
텅 빈 싸리문 같은 마음으로
아픔도 사랑도 그렇게 아렸던가

타향 객지도 마다않고
짓눌려, 짓눌려 부러지는 가슴도
용케 견뎌냈지 세월아

멀쩡한 사지로 타인의 그늘로만 걸어와, 돌아와
보니, 가을서리처럼 스산한 그대여
부모님 얼굴 베껴 만든 하회탈도

이젠 진짜 내 얼굴이 되어버렸네 이 사람아

돌아보니 한두 번쯤 진정 웃은 날 있었던가
그건 세월의 덤으로 덤으로
쩡쩡 얼음 갈라지는 소리 품고만 살았지

몇 십 년 구겨 입은 헐렁한 소매처럼
저물녘에야 조금 느슨해진 그대여

그저 바라보면 눈물만 나는 사람아
잘난 것도 없고, 잘난 체도 못하는
거기,
이 사람아!

....

2015. 11. 29

• 서웅교

어머니의 재봉틀

언제였던가
어머니의 부르심
상아빛 몸 고이 접고
함 속에 누워
　지나가는 세월의
입을 꿰맨다
열아홉 시집올 적
그 시절을 감히
발설하지 마라
귀도 눈도 봉합하여
듣도 보도 못한
과거를 줄줄이 엮어
실패에 감았다

꽃무늬 누비 천 덮개로
화장대 곁에 누운 분신
스스로 몸 세우기도
가물가물한 시선도 버거워
어머니! 돋보기 코에 얹고도

버릇처럼 입가로 실 끝 잡아채
알바늘 귓가로만 흘리시는가

실이 끊긴 함 위에
물 한 잔
촛대 향로 염주 놓고
새벽마다 공들이시는
염원은 무엇일까
그 마음 아는 듯
너는 오늘도 깊은 잠만

쓰러진 옆구리가 시리다.

....

2015. 4. 30.
어머니의 새벽 기도

• 서웅교

설날 1

칸막이 속에 갇혀있던
붉은 숫자가 드디어
오늘에 침식당했다

잠긴 눈꺼풀처럼
잔잔하던 일상이
무료에서 깨어나고
겨우내 아랫목에서 닳은
무명 치마 자락
야윈 몸에 휘둘리며
휘둘리며 부엌을 맴돈다
　참새도 까치도
털 옷 세워 부르르 떠는
새벽부터
눈길 쓴던 동구 밖
진한 계피향의
수정과에 띄울 곶감 씨
발라내는
어머니의 겨울 어느 날

그리움인지 기다림인지
흰 머리 주름진 얼굴로
감당하는 모정

아들의 귀향이
오늘따라 무겁다.

2015. 2. 23.

• 서웅교

문풍지

그해 삭망월 즈음
밤새 시름하던 아버지는 결국
이른 새벽 어미 소 몰고
숫눈길 따라 소시장 가셨다

삭풍은 겨울 햇살 밀어내고
산꼬대 깊어지던 오후
몰려든 먹구름 눈이 내릴 때
지난 가을 볕에 국화 꽃잎 넣은 한지로
곱게 바른 빗살문에 구멍 뚫어놓고
종일 눈길 쏟던 어머니

까맣게 탄 아랫목에 누워
초저녁 그루잠에 빠질 때에야
올 봄 대처로 유학 보낼
막내아들 학자금 안고
울대 넘어 들려오던 아버지 노래 소리
술 취한 걸음 외양간부터 들러
송아지 부여잡고 쓰다듬던 손길

그 밤 몰려드는 윗바람에
밤새 떨던 문풍지
긴 밤 지새며 몸으로 울던
송아지 울음소리

그 옛날 아버지의 겨울 이야기 하나.

....

2014. 5. 29

• 서웅교

새참 광주리

우물 속 깊은 물 한 뒤웅박
한뎃부엌 검댕 묻은 솥에 붓고
끓는 물에 삶아내어 정갈하게 쌓은 국수
따개비줄 입에 물고 머리에 인 광주리
한 손엔 주전자 다른 손 정수리 여밀 때
모시적삼 저고리 아래 젖무덤 드러내고
자드락길 건너 논틀밭틀 간당간당
걸어가던 새색시

세마지기 논매기가 반달만치 남았구나
저만치 들려오는 큰집 아제 선창소리
지가 무슨 반달인가 우리 님이 반달이지
모 찐 다발 던져놓고 못줄 넘기는 들 소리

참 묵고 하입시더
국수사리 고등어조림 김치에 장떡까지
풍성한 새참 그릇 내려놓으면
베잠방이 걷고 거머리 털며 올라선 논둑길
안다미로 농주 한 보시기 들이키고

고수레~ 국수 한 사발 넘기니
끊어지던 허리께로 스치는 청정바람

힘든 구메농사 한 시름 달래주던
그 옛날 우리 할머니의
새참 광주리.

....

2014. 5. 21.

• 서웅교

맷돌

땅 속과 대기를 넘나들며
뿌리로 빨아들이고
잎으로 내뱉으며
가을은 겨울의 터널 앞에서 곡식을 거뒀다

곳간 채 한가운데 맷방석 깔아놓고
암쇠 위에 중쇠 얹어 매판지 끼우고
흔들흔들 맷돌다리 고이고 나면
달은 이미 중천을 넘는 밤
고부간 마주 앉아
위짝 구멍에 곡식 한 줌 넣고
맨손으로 돌리면
어질어질 세월이 돈다
슬렁슬렁 새벽이 갈린다
부슬부슬 지난 일 년
송두리째 가루된다

새벽잠 없는 할부지의
사랑채 기침 소리
쌀 깨죽이 온몸으로 익고 있다
두부 모판이 하얗게 눌려진다.

....

2014. 5. 9.

• 서웅교

아궁이

거칠어진 삭풍에
해시도 못 넘겨 석얼음 내린 밤
함실아궁이 속
공기와 부싯돌로 태어난 불씨는
나무만 보면 화가 난다.
쏘시개 삭정이쯤이야 단숨에 삼키고
주체할 수 없는 객기로 부넘기를 하여
고래 위 구들장 넘어
태우고 또 태우던 애증의 밤
허튼 고래, 부채 고래, 곧은 고래
벌겋게 달아오른 체온을
아랫목으로 쏟아내는 밤.
쇠구들의 다비식인 열정의 시간에
그루잠에 코 골던 마늘각시
부뚜막에 앉아 불탄 자리 열어보고
하얀 재 묻힌 버선발로
새벽밥 짓는 아낙네.

새벽이 북풍에 기울 무렵
시침 떼고 굴뚝 빠져나와 마당에 깔리는
회색 연무여
아궁이는 다시 불길로 넘친다

또 누구를 향한 미움이던가

....

2014. 5. 13.

• 서웅교

숨죽이는 새벽

그 밤
어머니의 새벽은 길고도 희었다
올 김장배추
크기는 증손자 핫바지만하고
절였는지 반쯤 죽여 놨는지
모조리 밭으로 도망가려
펄펄 날뛰는 놈들뿐이라고 이럴 거면
뭣 하러 웃돈주고 절인 놈 샀겠냐며
왕소금 한 바가지 뿌리며
다신 절인 놈 사나 봐라

내 잘못도 아닌데
소금 사발 구석구석 얻어맞고
소쿠리 쓴 배추 포기. 들....

초승달이 별 붙잡고
새벽을 당길 무렵
이제야 아픈 허리

고이 뉘는 가녀린 몸
세월이 어머니의 허리에 염장을 지른다
구십 수 어머니의 삭신이 휜다

소품처럼 정지 벽에 기댄 김치 통
저마다 아들 딸 손녀에게
떠날 채비하고 있다.

....

2013. 11. 28.
구순 노모의 절인 배추 사서 김장 담기
- 차라리 내가 절일 걸

• 서웅교

월가리

때론 내게
왜 힘든지 물어보고 싶었다
내 가슴에서 답이 없을 때
언제나 찾던 그곳
소담한 산동네, 오지마을
유난히 눈이 많던 겨울
펑펑, 새벽부터 밤나무에 쌓인
눈 떨어지는 소리
그 밤엔 어둠도 생경스러웠다
폭설로 끊긴 버스에
차라리 쾌재 부르며
방금 배고픈 산돼지가 걸어간
산길 오른다
– 많이 힘들구나, 너
한 마디에 무너지던 가슴
– 힘들면 다시 와
그날 밤새 눈은 내리고
아제가 내어준 따뜻한 아랫목
내 마음도 눈을 쌓았다

다시 찾아가고픈 곳, 월가리
그곳에 가면
내 마음은 빈 지게가 된다.

2012. 7. 12.
타향도 고향도 내 마음 다독이지 못하던 시절
옛 선배의 귀농 농가에서.

• 서웅교

치과에서

얼굴 위로 흰 천 내리고
램프의 불이 켜지면 난
입 벌린 냉동인간

윙- 치아 사이로 기계가 돈다.
튕겨나는 상아질
마주 쥔 손, 긴장한 다리 근육
지금 이 순간 가장 괴로운 건
환부를 긁어내는 통증도 아니다
자꾸만 고여 오는 침
꼴깍, 마른 침을 삼킨다
온 몸으로 흐르는 진땀
다른 생각을 해야지
할아버지의 붉은 틀니는 떠올리긴 싫다
푸른 바다와 등대 위를 맴도는 갈매기
어선이 가른 물결, 꼴깍
숯불 위 오징어처럼 온몸이 오그라든다
일어나 버릴까
인내심이 무너질 무렵 번쩍 눈을 떴다

– 다 끝났습니다
맥이 풀린다
수건이 벗겨져도 난 그대로 누웠다
또 다시 떠오르는 할아버지의 틀니.

……………………………………………………

2012. 6. 14.
차라리 눈을 감고 있어도 자꾸 차오르는
침을 어쩌나

• 서웅교

입원하던 날

설렌다 무거운 가슴
새벽길 나설 때는 출장길
열흘 쯤 걸릴 거라며 애써 가족 외면했다

가슴에 자라나던 얄궂은 세포덩이
좋은 놈이면 함께 살고
나쁜 놈이면, 나쁜 놈들이면
의사는 대답대신 몰래 한숨 쉬었다

환자 서약서에 사인하고
환자복 갈아입을 때
순간 가슴 속 놈들이 긴장한다
2인실 병실
위암 환자의 피곤한 눈
거울 없이도 내 모습 보인다
난 지금 출장 중이다
출장이 실감나는 건
팔에 꽂힌 주사 바늘 때문이다.

회 상

설레발치는 머릿속 헝클어질 때
걸려온 전화.

애비야 수술 잘 받고 와

창밖 야경은 수채화로 바뀐다
그 그림 속으로 숨고 싶다
어머니는 어머니는 어떻게 아셨을까.

....

2011. 11. 19,
그게 엄마의 예지력이다. 비밀로 입원했는데

• 서웅교

변한 건

넌 변했어
정곡을 찌르던 한 마디
입가로 경련이 인다
네가 변했다는 건
바람의 방향도
단풍의 색깔도 아니다
예전처럼
제일 먼저 너를 떠올려주고
너만을 생각하고 배려하고
무엇보다 사랑해주기를 바라는 너
받으려는 네 사랑이 진심이었다면
주려했던 내 그것은 초심이었다

사랑이 무뎌질 무렵
보라색 손수건 보내온 건 네 변심이라며
눈물부터 흘려야 했을 때
이미 너보다 먼저 말을 했어야 했다
변한 건 너였다고

개개비 둥지 속
갓 부화한 뻐꾸기 새끼가
남은 알들을 둥지 밖으로 밀어내듯
너를 보냈어야 했다.

....

2011. 11. 17.
친구와의 오해는 여전히 풀지 못한 숙제다.
난 나대로 넌 너대로 내가 뭘?

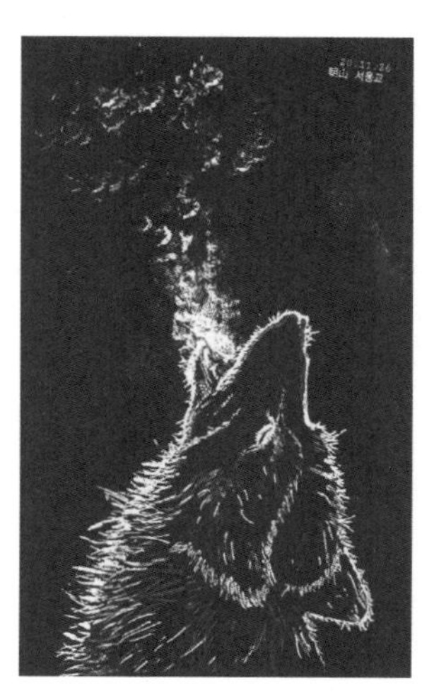

• 서웅교

집들이

단칸방에 집들이 객들이 왔다
술술 잘 풀라는 건지
잘 먹고 잘 싸라는 건지
쪽방 한 쪽엔 화장지 비누 세트

상을 물리고
신혼집 담요 위로 날아들던 화투짝
셈 눈 어두워
열두 짝 계급만 아는 누군가
공연히 던진 한 짝에 싸늘해진 분위기
짜고 치는 겨
잠시 얼굴 붉히던 우리 부장님

딱 세 번이 세 시간이 되고
새벽닭도 세 번이나 울었다

창문 열면 텁텁한 황토 냄새는
짧은 저축의 힘
도심 외곽 개발 구역 이었다

내 비록 시작은 초라했으나
고래 등 기와집 꿈은 부지기수

그 땐 그랬어
삼십 년 전 아장걸음은 어느 덧 시집을 간단다.

....

2011. 5. 17.
울산 첫 직장
-시험실 동료와 전실장님 -가난한 전세 시절

• 서웅교

유년의 삽화

일찍 국수 삶고 저녁 길
엄마와 누나 수성교 건넜다

극장 포스터만 봐도
선과 악이 분명했다
그는 순정남, 그녀는 청순가련
악역은 오늘도 주먹에 울고
두근두근 서방님 만나는 찰나
아~ 끊어진 필름
휘익, 의자 삐걱이는 소리
다시 살아나면
이미 잘 먹고 잘 살았더란다

평상 누워
별빛 뿌린 하늘 향해
누나는 두고두고
그 장면 공상하다
라디오 연속극 들으러 갔다

영화는 십오 원
만화는 일 원
개학이 코앞인데
펼친 공책 위로
만화 주인공 그리다
코 박고 잠드는 밤.

....

수성교 넘어 수성극장
5원만 내면. 끊긴 필름쯤이야

• 서웅교

버려짐에 슬퍼마라

낙엽, 버려짐에 슬퍼마라
땅보다 높은 곳에서 흔들리다
사랑에 붉어진 얼굴이던가

나이테 하나 더 보태고
장렬히 전사했다는 비유보다
무릇 시인의 눈이 아닌
또 다른 철학으로 산다는 것
우리는 안다

용케 바람을 피해 화단 가장자리에
살포시 포개지는 너
그 모습 수줍고 애처로워
잠시 비질을 멈춘다
그 속에 잠겨 종일 울어대는
풀벌레소리라도 더하면
내 감성은 눈물 쏙 빠지도록
깊어질 밖에

쓰러지는 곳엔 일어나는 것도 있음을
너도 알지 않은가
수십 년 우리가 보아온 것처럼

버려지는 것은 슬픔이 아니라
못된 세월을 알아가는 것이다.

....

2015. 9. 7.

• 서웅교

현수막을 걸며

비 오는 거리에서
가로수처럼 서서
비를 맞았다
난 기다림이다
바람에 갈기갈기 찢겨지는
가슴 속 여백으로
미래의 연극배우가 연기를 하고
연주자는 악기를 연주한다
치매 노인이 어딘가 걸어간 곳까지
두 팔 벌린 소리 없는 아우성
비로소 알게 되는 사연들
나는 텅 빈 가슴이다

우체통 속을 걸어가는 편지
휴대폰 문자에 전해지는 소식들이
앞 선 곳에서 뒤돌아보지만
내겐 아무런 답이 없다

난 누군가의 그리움이고 싶다

비 온 뒤 솟아오른 샘물 속
잠긴 별이고 싶다.

....

2015. 7. 9.

• 서웅교

묘판을 만들며

처음으로 너와 눈 맞춤을 한다
지난 세월의 어깨에 손을 얹고
네 마음을 들어 보았다
그들을 잉태한 모정이
따가운 햇살아래 발기발기 찢겨져
알알이 익어가던 지난 여름이었다

골바람은 이른 봄 햇살 비웃고
푸른 하늘엔 숨죽인 매 한 마리
텃밭 비닐하우스 안에서
기억으로 배운 습작을
준비하는 묘판을 만든다
모종판에 상토 깔고
조그만 씨앗 뿌려 두면
거스르는 무성 영화처럼
또 다시 시작되는 한 종(種)의 생애

그들은 엄마 익히는 아이처럼
주인의 발자국 소리 들으며
무럭무럭 자라나고 있다.

두엄을 치며

버려지는 것에도 이름은 있었다
이름을 모아두는 이유도 깊다

외양간 바닥 등겨 깔고 받은 분뇨
수맥 잃은 참나무 바스러진 몸 섞어
겨우내 고추밭 옆에 묵혔다
추한 세상 살아왔어도 마음만은 순수해
거친 반항도 없이 거적 덮은 두엄

감기는 몸 깊숙한 곳에서 시작되었다
고열과 오한에 한바탕 죽을 고비 넘긴 아침
하얗게 피어오른 곰팡이의 집념이
수더분한 향으로 피어났다

뿌리의 함성이 벌써 그립다
누군가를 위해 살아간다는 것
그곳엔 풍성한 가을걷이 기다리는
녹 쓸지 않은 농심이 있다.

2015. 7. 5.

• 서웅교

그 흔한 이별을

밤새워 쓴 편지
무심히 태워버리는 것으로
이별을 대신했다
헤어짐을 아파하기 전에
만남이란 원죄부터 야속해 했다
슬픔도 원망도 누가 알아줄 것인가
지독한 내 아픔에도
세상 모든 건 변함없었으니
한 손으로 빗장 질러보면
마음의 상처도 그럴 줄 알았다

이별이라며 내보낸 것들
오늘 아침 눈을 뜨면서는 밤과 이별했고
타고 온 버스도 보냈다
정오의 햇살은 소나기에 씻어 보냈다
어제도 오늘도 이 순간도
알게 모르게 스친 모든 게
흔한 이별이었음을

문득 뒤돌아보니
뒤따라온 세월이
매일 나를 보내고 있었다

그 흔한 이별처럼.

2015. 6. 25.
시간은 이별처럼 흘러간다.

• 서웅교

넥타이를 풀며

오늘 하루
우리 모두 숨 가쁘셨나요

밤은 어제의 기억대로
어둠을 끌어오는 해질녘
떨어진 햇살 구르는
빌딩 숲 뒷골목
여기
노동에 허기지고
사랑에 목말라하고
생의 고뇌에 찌든
가장이란 넥타이의 변명이
허공에 둥둥 떠다닌다
대숲에 농익은 막걸리 한 잔
파전 하나에 행복해 지는 건
잊혀져가는 농심이 아니던가
삭막한 현실 삶의 무게를 벗으려
어쩌면 우린 여기서
고향집 어머니의 젖가슴을

찾고 있는지도 모른다
벽에 걸린 노시인의 시구에
핑그르르 도는 눈물
굳이 숨길 필요까지야
도심은 어둠에 쌓여가도
곡주사의 밤은 눈이 부시다

내일이면 우리는
어제 떼어낸 햇살 주어
다시 넥타이에 붙일 것이다.

....

2015. 6. 18.
- 아시아 문예 문우들과 곡주사에서-

• 서웅교

일 분 동안

한 순간에
뇌성벽력이 일었다
힘차게 차오르는
탄산수의 용오름
불 속에 던져진
기름의 거센 욕망
모든 게 이글거렸다

해일처럼 거친 바다의 숨소리에
사랑도 관용도 여유도
바람벽 뒤로 몰아넣고
바다에서 건져 올린
갓잡은 생선처럼
파닥이는 실체

잠시 눈을 감는다
이탈한 분노의 숲에
범종이 운다
누군가 등 토닥이는 소리

눈을 뜨니
점점 눈높이로 낮아지는 풍경
모든 건 신기루였다
퍼즐 맞추듯 되돌아온 평정심에
안도의 한숨을 쉰다.

....

2015. 5. 12.
평정하라 !!!!!!
화가 나면 일분 만 참으라, 그때 다시 생각하라던

• 서웅교

득도를 위한 변명

허울을 벗고 법당에 섰다
영욕이 거머리처럼 달라붙는다
몸을 받고 피를 내어준 이들이
눈에 꽃처럼 들어와 앉는다

어디로 가야 하나요
갈 길을 일러 주소서
무리수일까 승부수일까
백팔 번뇌와 시름하는 밤
창이라면 정곡을 찔러 주소서
칼이라면 넝쿨을 잘라주소서
푸성귀는 태워 한줌 재가 되게 하소서
하늘은 여백인데
달은 보이지 않는다
잘려나간 무명초에
남은 실핏줄이 꿈틀거린다

다시 염주를 돌린다
몸만 닳은 지문 뒤로
손톱이 귀를 세운다
지장경 속 보람줄이 흔들리는 걸 보면
아, 난 아직도 그리움이 남았나 봅니다
자박자박 숫눈길 위로
걸어가는 미움이 있나봅니다.

2014. 9. 28.

• 서웅교

화 환

누군가를 위한
뜨거운 가슴이여야 한다
눈물 쏙 빼는 슬픔이기도 하다

허리만 톡!
꺾인 꽃대롱에 진액만 두고
까다로운 눈 설미로 폈으니
나 이제 인공의 섬으로 떠나리라

생화는 향기로 말하고
조화는 영원하다
사랑이란 말 체취로 전하고
축하란 뜻은 전리품으로 남는다
떠난 자엔 우울한 시심으로
남겨진 자들의 솜사탕이 되고
이별이 시린 사람에겐
바람벽에 박힌 마른 꽃 되어
속으로 실뿌리 내린다

누군가의 꽃이 된다는 건
꽃잎이 지면 씨앗을 맺기 때문이다

너는 영원한 불임이다.

....

2014. 10. 10
슬픈 날, 기쁜 날 가슴에 안기는 꽃다발.
짝퉁인 너는 그저 눈요기만 되는구나.

• 서웅교

동 백

당신이 만든 사연인가
우리가 부르는 이름인가
그대는 오래전
외할머니의 핏빛 손끝입니다

서 있는 그 어디에도
별신굿 자진모리장단 스며 있고
파도소리로 잠 깬 망부석의 이른 아침에
사철 푸른 잎 아래
흩뿌린 일출의 붉은 잔설은
단지 동백섬에 지천인 봄꽃의 본능일진대
해풍을 몰며 우린 너무 많은 전설로
겨울바다를 멍 들였나 봅니다

이른 봄
밀랍 인형 같은 세월을 돌려세운
새빨간 입술이여
하기에 당신만을 사랑하진 못하겠습니다
피멍 든 그 사연 또한 잊지 않겠어요.

....

2012. 1. 20.
내가 처음으로 전라도 땅에 근무하던 시절
여수 오동도 그 동백꽃밭

• 서웅교

민 들 레

어둔 골목길 원룸 담벼락
민들레 한 송이 꽃 피웠다
꽃은 분명 먼 길 실려 온
태초의 초원을 동경했으리라
민들레의 전설을 아시나요
증오하는 자에게 내린 왕의 주술
별은 초원에 꽃이 되었고
목동은 꽃을 밟아 저주를 푼다죠
자생력이 목동을 이겼다
솜털 날려 봄을 전하는 너
안나푸르나의 크레바스 속인들
너의 자취 없으랴
그런 네가 지금 이 뒷골목에서
암울한 봄을 걷고 있다
밤거리 밟고 온 바람
꽃잎에 스몄다

내일은 가벼운 네 화신을 위해
하늘높이 훨훨 날아올라
양지바른 노인의 무덤가에
소담히 꽃피우길 기원하는
노란 속살이여.

…………………………………………………………

2011. 11. 9.
출근길-골목 안 담장 벼락에 붙어 핀 꽃-
질긴 자생력이여

• 서웅교

첫 사 랑

허한 속 쓰림으로
잠 못 들던 밤
문득 쓸개즙 같았던
사랑을 떠올렸다
첫사랑은 이룰 수 없다며
그때 난 푸념하고 오열하고
분노하고 못 잊어 했다

사랑이 별 거냐고
한 세월 흐르고 나니
절절한 그 시절 모두가
사랑이었다고
초로의 연민은
지난 세월 쥐어박는다
이젠 수줍음보다
건망증이 더 많아진 아내와
내 첫사랑 나이쯤의 아이들에게
했던 말 주저리고 또 주저린다

그래도 뒷 창 열고
먼지 낀 보루 어딘가
나만의 비밀이었다며
배시시 미소 짓는 그것

첫사랑은 아름답다던…

....

2011. 9. 18.

• 서웅교

징 크 스

시험 날
떡 진 머리
긴 손톱은
하나의 염원이다

이른 아침
떨어지던 소매 단추는
줍기 싫은 악몽이었다

치마 입던 날 바람 불고
소금 뿌린 날 비 오던가

고추 먹고 맴맴
코뚜레 잡고 제자리 돌면
바늘로 낙타도 꿰는데

생각이 마음을 잡는다

그러게

마음 소부터

길들일 일이지.

··

내 생각에 휘둘리고 마는 징크스

아침부터 재수 없게··· 라는

• 서웅교

살구 지던 밤

사는 동안
네 실체는
메모리에 충실했다
잎새로 말하고
꽃으로 쫓는
도화살 낀 자태여

너를 부른 그곳에
역마살은 없었다
가지에 부푼
무지 많은 양성 종양
그 몸살에 이골이 났으니
이젠
녹음으로 향할 때다
지난 밤
달 그늘 아래
눈물짓던 여인인가
뿌린 설움만큼
성숙해져 있을

여인의 밤쯤에
잔설처럼
낙엽 되어 내리리라

해가 지고
  곱게 가르마 타던
여인의 젖가슴 위로
후드득
뛰어내린
몸짓들이여.

세림 정문 앞 살구나무. 여인

• 서웅교

개구리

포르말린을 묻힌 솜을 넣고 재빨리 뚜껑을 닫는다 개구리의 몸부림은 잠시 널브러지는 몸 핀셋으로 아랫배를 들고 매스를 댄다 사지(四肢)에 박힌 핀이 약간 꿈틀댔다 가위는 몸 속 얇은 막을 뚫고 올라와 턱밑까지 올라오고 드러난 내장과 함께 팔딱이는 빨간 심장 개구리 인체가 사람과 가장 닮았다던 생물 선생님 조금 전 과학실로 가기 전 도시락에 담아둔 개구리가 사방 튀어다닐 때 소동이 났던 교실 안 웃음소리 해부가 끝난 지금의 정적이 무엇인지도 몰랐던 중 일 과학시간의 개구리 해부실험날 그날 개구리는 사지가 핀에 박혀 그대로 버려져 못 깨어났다 오십 년 후 발가벗긴 몸으로 수술실에 누워 무영등을 보며 난 무얼 생각했던가 그날의 개구리처럼 사지가 묶이고 사타구니 위에서부터 가슴까지 메스로 배를 갈랐다 난 종양 제거를 하고 배를 닫았지만 개구리는 개구리는 영원히 입을 닫았다 업(業)은 준대로 받는가보다.

2020. 10. 16. 아침에

어떤 주검

앞선 세월이 찢어진 달력을 몰고 가던 크리스마스이브 지난 밤 골목길 모퉁이에 뿌려둔 누군가의 토사물에서 술 냄새 풍겼다 햇살이 시루 속 콩나물처럼 어설프게 고개 드는 아침 찬 바람이 버릇처럼 골목길을 휘몰아치는 곳에서 배고픈 비둘기 네 마리 허기를 달래는 건 식어진 토사물 인간의 몸짓으로도 못 견딘 그 지독한 알코올이 비둘기의 몸에 배었다 비틀대는 낯선이들 술로 대담해 지는 건 사람만이 아니다 비둘기가 객기를 부린다 어떤 놈은 주사를 하고 다른 놈은 누워 자고 배고픈 놈은 다시 주워 먹고, 또 한 놈은 구구대며 길로 나서다 나서다 차 밑으로 깔렸다. 음주 비행의 참사 세모의 거리에서 인간 대신 죽어간 비둘기의 붉은 혈흔 죽음 앞엔 슬프지만 왠지 자꾸만 쓴 웃음이 나는 까닭은 영혼의 무게 위로 쏟아지는 상념 때문이었다.

2011. 12. 25.

차승진

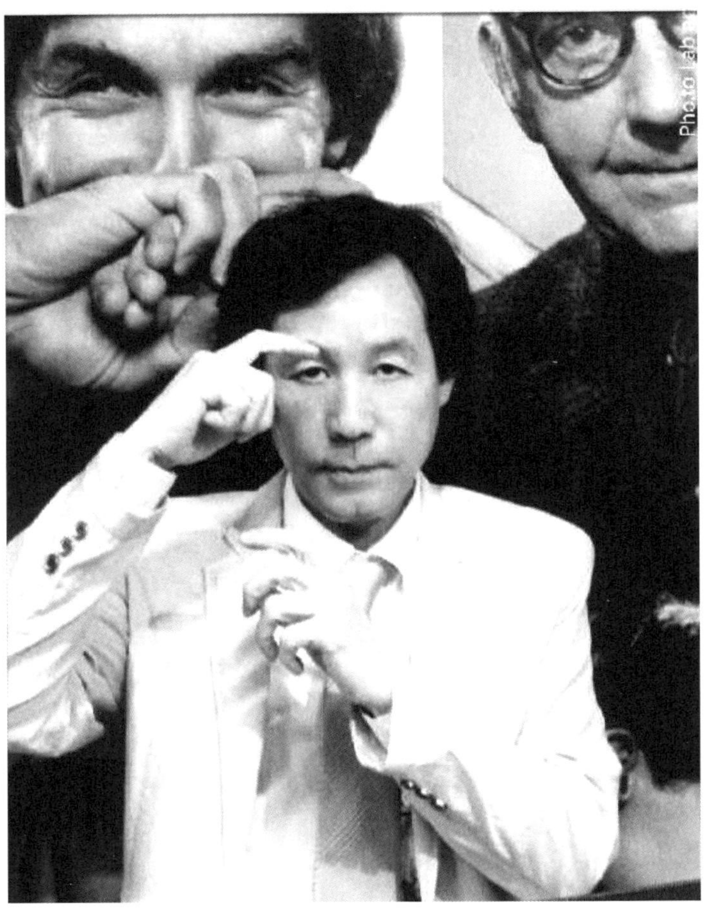

시인 · 사진작가

'숨처럼 가볍고, 노래처럼 깊은'

서툰 마음들이 풍경이 되고,
그 위를 지나온 시간들이
다른 색으로 채색되었습니다.

가족의 따스함, 여행의 낯섦,
그리고 사유의 고요 속에서 피어난 순간들을
한 권의 책에 담았습니다.

가끔은 일상을 벗어나, 낯선 곳에서
하룻밤을 지새우며
언어로는 다 닿지 못하는 것들을
詩라는 이름으로 건져 올렸습니다.

이 낱말들이 모여,
그날들의 숨결이
페이지마다 깃들기를 바랍니다.
지금,
그 이야기들이 조용히 펼쳐집니다.

차승진

• 차승진

가족사진

벚꽃이 흐드러지던 봄날,
햇살은 잎새 사이로 조용히 말을 걸고
우리는 그 아래 멈추어 섰다

아내의 생일이었다
경주 대릉원, 시간도 숨을 죽인 채
우리 곁을 지났다

그날의 한순간, 거실 벽 작은 틀 속에
조용히 살아 숨 쉬고 있다

액자 속 얼굴들을 오래 들여다보면,
나와 아내, 아들과 며느리, 딸과 사위
두 손주, 은비와 찬영, 작은 눈동자들에 고였던
맑은 세월의 숨결이
아직도 내 가슴에 따뜻하다

시간은 여러 겹의 계절을 넘고
아들과 며느리 사이에 태어난
정우, 연우

아들이 직접 짓고 불러 준
이름 하나에도 햇살이 들고 바람이 깃든다

내 안의 '나'가 조금씩 풀리던 그때,
사랑이란,
손에 닿지 않는 물비늘 같기도 했다
기념일마다 켜지는 작은 촛불,
기억은 약속처럼 오래 남는다

손과 손이 맞닿아 만든
성벽보다 단단한 어울림
우리의 이름들, 서로를 품은 그 한 장의
가족사진

• 차승진

감자꽃

밭고랑은 긴 강줄기처럼 흘러가고
어머니는
그 속에 스며 한 송이 감자꽃이 되었다.

하얀 꽃잎처럼 머리에 두른 수건,
그늘도 없이 쏟아지는 햇볕 아래.

어머니는
조용히, 아주 조용히 피어나셨다.

바람이 지나가며 꽃잎을 흔들 때
어머니의 손도 함께 흔들리고,

구름이 머물다 가는 순간마다
어머니의 등이 밭고랑 속에 스며든다.

나는 아직 어린 걸음으로 다가가
그 풍경을 바라보았다.

정오의 시간 속에 멈춘 어머니,
한 폭의 그림이 되어
흙과 함께 그곳에 머물러 계신다.

• 차승진

아버지의 江

그때는 몰랐다.
부엌의 불이 언제부터 타오르고 있었는지,
밥 짓는 냄새가 새벽 공기와 섞여
어둠을 밀어내는 순간을.

저녁이 오면 달이 강물 위로 내려앉아
온 세상을 은빛으로 물들이는데,
나는 그 빛이 어디서 오는지 궁금해하지 않았다.
사랑방에서 들려오던 낮고 깊은 헛기침 소리,
그것이 하루를 삼킨 시간의 울림이라는 걸.

아버지는 늘 강물 위를 걸었다.
날카로운 바람이 등을 밀고,
넘실대는 물결이 발목을 감싸도
그 강을 벗어나지 않았다.
그 길 위에서 묵묵히 걸으며
돌을 주워 다리를 놓고,
흙을 다져 길을 만들었다.

이제는 내가 그 길 위에 서 있다.

뒤돌아보면, 발자국마다 쌓인 함박눈이
하늘에서 내리던 것이 아니라
아버지의 손에서 흩날리던 것이었음을 안다.

나는 여전히 그 강 위에서 아버지를 부르고,
강물은 조용히 흐르며 대답한다.

• 차승진

지갑

한낮의 틈, 작은 우주 하나가
손바닥 위에 얹힌다

말없이 피어나는
포장의 주름들 시간을 접은 듯,
딸의 마음이 천천히 펼쳐진다

먼저 웃는 이는
늘 그렇듯, 나보다 먼저 봄이 오는 사람

아내의 눈빛이 꽃잎처럼
먼 데서부터 나를 불러온다

선물이란
말 대신 묶은 침묵, 봉인된 속삭임
마음의 가장자리에서 머뭇대는
이름 모를 형용사

무대에 오르기 전
막을 들추던 긴장처럼,

잠시, 우리는 한 문장의 공백에 머문다

둥지를 떠난 깃털들이 잠시 쉬어간 자리,
그 어딘가에 묻힌 안부 하나,
너에게 미처 전하지 못한 마음

사랑이란
내어주는 일이 아니라
비워지는 쪽을 먼저 걱정하는 것,
그 바람이 서로의 사이를 조용히 건너간다

밤이 내려앉은 집
나는 한 아이처럼 작은 우주를 펼친다
그리고, 그 안에서 햇빛 한 장
소리 없이 피어난다

• 차승진

비 오는 오후의 소리

보슬비가
잦은 바람의 날개를 타고
느릿느릿 아스팔트 위를 걷는다

회색빛 오후의 고요를 깨우며
저만치서 부르는,
"할아버지!"
종달새처럼 맑게 튀어 오른 한 음성
피아노 가방보다 작은 어깨,
발끝마다 고동치는 리듬을 달고
정우가 다가온다

작은 손을 잡고
물빛 풍경 사이를 건너며
그 아이의 목소리 내 마음에 물처럼 스며든다

도레미와 함께 굴러온 이야기들
학교라는 섬, 친구라는 파도,
가끔은 덜 마른 감정들까지
비와 함께 내려 골목을 적시는

한 장의 풍경화 속, 정우의 웃음은
유리알처럼 맑다

보슬비는 나비의 날갯짓처럼
가볍고, 고요하고,
어느새 내 어깨 위로 내려앉아
손자의 온기를 따라 흐른다

작은 손에 담긴 봄날
종알종알 튀는 말들 속에서
내 가슴 한편 물들어 간다
단풍처럼, 따뜻하게

• 차승진

아들의 면도기

물결이 흐르는 면도기, 아들의 얼굴을
부드럽게 스쳐 가네.

날카로운 날이 어제의 시간을 갈라 내고,
아들의 성장을 나에게 알리 내,

아들이 어렸을 때,
나는 그의 얼굴을 처음 만지며
그의 미소를 가슴에 그려놓았다

아들이 커가면서,
면도기는 날카로워졌다

그의 턱은 더욱 단단해지고, 나는
그의 공간을 느낄 수 있었다

아들의 면도기, 나에게는 그의 성장과
변화를 상기시키는 소중한 박물관
면도기는 그의 성장과 함께 나의 손에서
차츰 미끄러져 나갔다

• 차승진

낱말의 씨앗, 선물이라는 꽃

―예쁜 연우에게

툭
아이의 입술에서 떨어진 한 마디,
"인형… 사주세요"

봄비 머금은 씨앗 하나,
마음의 흙에 살며시 스며들었지요

햇살은 노란 담요 되어
그 위를 덮어주고, 바람은 조용히
자장가를 불러 주었어요

설렘은 조용히 숨 쉬며 자라고
기다림은 물방울 되어
가슴속 뿌리를 적셨지요

씨앗은
동그란 화분 하나로 피어났어요

하늘빛 멜빵바지 소녀 하나

반짝이는 눈의 강아지 하나
꿈결에서 뛰어나온 듯
활짝 웃고 있었지요

“너를 만나기 위해
나는 마음 물관 따라
무지갯빛 길을 건너왔단다”
인형이 말했어요

손바닥 하나,
포근한 구름처럼 다가와
그들을 품에 안았지요

낱말 하나는 꽃이 되었고
그 꽃은,
선물이라는 이름을 얻었답니다

• 차승진

은단 껌

기억은 피부 아래 은은히 남는
작은 문신 같은 것
알 듯 말 듯 백일홍과 맨드라미가
오래된 풍경처럼 번지면
어머니의 머릿결엔 동백 향이, 꿈처럼 흘렀다

하루가 저물고,
지친 발끝이 불빛 아래 닿는 저녁
나는 문득, 작은 손에 하나,
습관처럼 박하 껌을 건넸다

그날들로부터
열두 번의 봄이 지나도
그 아이는
그 맵싸한 향을 기억한다

마치, 어머니의 손맛처럼
몸에 새겨지는 그리움은
배우지 않아도 몸이 먼저 알아채는 법

누군가는 절규로 부르던 그 이름,
누군가는 껌 한 조각 속에 숨겨 두고
가만히 꺼내는 노래

안개꽃 피는 강가에서
소녀는 어느새 노래가 되었고,
바람은 리듬을 삼키듯 흐르며
그 작은 입술 사이로 은은한 박하 한 줄기를
다시 꺼내게 하겠지

• 차승진

'오겡끼데스까?'

'스 와 즈'의 언저리,
말끝마다 타향을 베어 물던
바람 같은 사람.

높낮이 없는 말의 층계를
가만히 허물던 눈매,
한 치 흐트러짐 없는 자존의 결.

'내'와 '너'를 나누는 분홍 문장,
손에서 놓지 않던
은실로 엮은 소리, 엥까.

화면 너머 패를 짚던 눈썰미,
먹선 따라 춤추던
사십팔 폭의 손끝—그건 마치 무늬였다.

언젠가 돌아갈 이름 모를 '그곳'을 향해
마음 한쪽을 접어 두고,
이제는 동해의 붉은 숨결을 맞는
고운 실루엣.

나는, 그 여인을 할머니가 아닌
우리 장모님이라 부른다.

• 차승진

거북 등에 바다가 산다

—은비 아빠에게

오래 산다는 건, 시간의 돌기를
제 등껍질로 받아내는 일

물러서지도, 불끈 나서지도 않은 채
세상의 진눈깨비를
묵묵히 등에 얹고 지나가는 것

바다는 언제나 바쁘다
허공을 채울 틈도 없이,
무례한 침입조차 파문 한 줄로 넘긴다

노을만이 붉어지는 게 아니야!
잠잠한 물그릇에도 빛은 스며들고,
모양을 흉내 내지 않아도
길은, 흘러가는 쪽으로 자신을 내어주지

깊은 틈엔 언제나 무언가 자라고,
갈라진 땅에 머문 물 한 줌이

생을 일으키는 법

느려 보이지만 머뭇거리지 않는 발,
끔벅이는 눈 사이로 세상이 스치고,
그 등 위엔
무게로 잰 적 없는 바다가
조용히 숨을 고른다

• 차승진

거울에 비친 내 모습

빛과 울음 사이, 나는 낯선 숨으로 태어났다.
떨리는 가지 위로 새가 앉고,
길 잃은 바람이 귀를 스쳤다.
젊은 어머니의 품은 물결이었고, 그 안에서 세상이
반사되었다.

시간은 말없이 나를 덮었다.
묘목처럼, 떨림은 뿌리를 감추고 자라났다.
흘러가는 구름, 멈추지 않는 물줄기
나는 그 운명을 본능처럼 삼켰다.

계절은 나를 밀어 올리고
밤과 낮이 번갈아 몸을 깎았다.
발, 아래엔 기억이 낙엽처럼 쌓였고,
나는 흘러가며 나를 버리고 나를 세웠다.

이제 거울 앞,
빛나는 형체 하나, 그것은 나인가?
어머니의 눈동자 속 나와 이 존재는
같은 이름을 가졌는가,

나는 묻는다.
얼마나 흩어졌고, 얼마나 모였는가,
흘러간 나의 나는, 어디에 남았는가,
거울 너머, 시간이 흐른다.
나는, 다시 조용히 태어난다.

• 차승진

그녀의 이름은, 며늘아기

바람이 문턱을 넘을 때,
한 사람이 조용히 집 안으로 들어섰다.
그녀는 아들의 여인이라 불렸고,
우리의 가족이라 불리기 시작했다.

그 눈빛은 별빛처럼 반짝였고,
세상의 언어를 다 아는 듯,
고요히 웃으며 마음을 읽는 재주를 가졌다.

그녀 곁에는
총명한 아들과, 해맑은 딸아이
세상의 축복 같은 존재들이 머문다.

그 아이들의 쉼터가 되어주는 그녀는,
웃음으로 하루를 감싸 안고,
말하지 않아도 전해지는 따뜻한 서사 하나를
조용히 품고 있다.

그 미소는
열지 않은 판도라 상자처럼

수많은, 이야기들을 숨기고 있지만,
그것만으로도 우리는 안다.

그녀는
이 집의 새로운 이름이자, 우리라는 울타리에 걸어둔
반짝이는 이름표 하나.

• 차승진

찬영이라는 이름에

아이였던 찬영이가
어느새 미루나무처럼 쑥쑥 키를 키운다
햇살보다 먼저 일어나는 키,
바람보다 먼저 자라는 마음

그 목소리는 대나무 같다
마디를 지나 또 마디를 넘어,
또렷하고 곧게 뻗어가는 말들 속엔
시간이 쌓이고, 생각이 자란다

어느 날, 인사 대신
성큼 다가와 긴 팔로 나를 감싼다
그 순간, 나는 안다
이 장면은 곧 개봉될 한 편의 영화,
예고 없이 시작된 가슴 벅찬 시퀀스

찬영이라는 이름은
그 이야기의 제목이 될 것이다
모퉁이를 돌면 펼쳐질
놀랍고 흥미로운

이야기,
우리의 손자,
우리의 내일

• 차승진

그녀의 남자

남편의 여자,
쨍쨍한 음성으로 하루를 깨우는 여인.

등은 보이지 않는다.
늘 앞서 걷기에,
늘 무언가를 향해 나아가기에.

그녀는 휙 던져도
용수철처럼 튀어 오른다.
굽히지 않는 힘,
말없이 견디는 강인함이
몸에 배어 있다.

직선으로만 뻗은 길 위,
정오의 태양이 내려앉은 겨울.
그녀는 얼음장에 갇힌 물고기처럼
차가운 침묵을 품은 채
묵묵히, 그 길을 따른다.

그 발 끝에

달그림자가 따라붙고,
그 손끝에
온기가 피어난다.

분주한 손놀림으로 뚝딱,
아침상을 차려내는 마법 같은 순간.

그녀는 재바르다.
그러나 그 모든 재빠름 안에
고요한 사랑이 있다.

그녀의 남자,
그는 알까.
그 따뜻한 분주함이
자신을 위한 것이라는 걸.

• 차승진

가을의 전설

캔버스를 펼쳐놓은
갈대숲 속,
고운 빛으로 물드는
여인의 얼굴

바람의 언덕에
사각사각 귀를 세우는 갈대

잃어버린 추억을
간직한 여인의 손끝엔 오래된 편지와
낡은 사진 한 장

빈 캔버스에 우르르 몰려오는
구름의 행렬

붓을 든 여인의 눈동자
갈대숲을 가득 채운다

시간을 멈춘 듯 서 있는
정오의 시간

속삭이듯
들려오는 갈대의 노래

여인이 펼쳐놓은
푸른 캔버스 위에
가을의 전설이 시작된다

• 차승진

진공관에 피운 만리향

–홍성태 이사장님께

강물이 바람을 품는 것처럼
그는 침묵 속에서 소리를 키운다

어린 손가락 사이로 흘러나온 호기심이
전파가 되어 공기를 가르고
진공관 속 필라멘트처럼
작은 불꽃으로 타오르며
지식의 회로를 완성해갔다

공대의 차가운 교실에서
따뜻한 꿈을 배양하고
학원이라는 작은 우주에서
수많은 별을 탄생시킨 사람

이제 그의 손끝에서
진공관들이 숨을 쉬고
음향은 시간을 거슬러
영혼의 깊은 곳을 어루만진다

홍성태라는 이름 위에
만리향이 피어오르듯
그의 인품은 은은한 향기로
사람들의 마음 한구석에 스며든다

나는 오늘
그런 사람 앞에서
인생의 큰 형님을 만났고
새로운 문이 열리는 소리를 들었다

바람이 나무를 흔드는 것이 아니라
나무가 바람을 품어 안는 것처럼
그는 세상의 모든 소음을
고요한 울림으로 바꾸어내는
그런 사람이다

• 차승진

여산의 뿌리

숲속 한가운데서
가장 깊이 뿌리 내린 나무처럼
그는 자라났다

여러 형제의 그늘이 되어
햇빛을 먼저 받고
비바람을 먼저 맞으며
든든한 기둥이 되었던 맏이

책장을 넘기는 소리가
바람 소리가 되고
칠판에 적힌 한글 한 자가
나이테처럼 쌓여가던 교실의 시간

여산이라는 고향 산이
그의 이름 앞에 서서
평생의 별칭이 되었고
제자들은 그 산 이름을 부르며
스승의 그림자 아래 머물렀다

오인환
상남자라 불리는 이 사람은
우직한 소처럼
묵묵히 밭고랑을 일구며
베풂이라는 씨앗을
온몸에 새겨넣었다

그의 주위에는
늘 여행자들이 모여든다
친구 같은 풍경이 되어
지친 발걸음에
쉼터가 되어주는
그런 사람

숲속에서 자란 나무가
다른 나무들에게
그늘을 내어주듯
그는 사람들에게
따스한 품이 되어
평생을 살아가고 있다

• 차승진

門 앞에서

부르지 말고, 그냥 오셔요
이름을 부르다 멈춘 그 날,
침묵은 풍경이 되어 문 앞에 걸렸지요

바라보다가 돌아서던 길,
발걸음 소리가 내 어깨를 스치며
사라졌다 돌아오기를 반복했어요

저 멀리 산 그림자는
지친 마음을 품어 안고
어둠 속으로 천천히 스며들었어요

푸른 하늘 위 떠오른 낮달,
그 조용한 빛이
나의 가슴 한편을 적시듯 머물렀어요

그때, 문득 바람이 불었어요
낮달의 고요한 얼굴이 흔들리고,
희미한 발걸음 소리가 다시 문틈을
두、드、렸、어、요

나는 알았어요
부르지 않아도,
멈춘 이름은 결코 사라지지 않는다는 것을

• 차승진

상처의 무늬

어린 시절의 작은 무늬, 그것을
상처라고 한다면, 그 속에서 피어난
희망과 용기.

몸에 새겨진 상처는 나의 이야기를
담고 있는 소중한 흔적이다

그 상처를 통해 나는 유순해졌고,
더 많은 것을 이해하게 되었다.

그것은 나를 성장시키는 사람이
되게 해주었다.

때로는 아프고, 때로는 슬펐지만,
그 순간들이 모여 나를 자라게 했다.

그것은 나의 일부이고, 나의 역사를 담고 있다.
나는 그것들을 통해 몸의 지도를 공부한다.

그것은 이미 정해진 길이거나,

또 다른 곳으로 가는 새로운 시작의 갈림길이었다.

몸에 새겨진 화석 같은
나의 이야기를 담고 있는 영혼의 탯줄이었다.

그것은 나를 키워준 바람이 만들어 놓은
투명한 겉옷이었다.

• 차승진

푸른 어깨를 지닌 봄 동산

그는, 산이었다.
봄이 되면 새순을 틔우고,
여름이면 땀 냄새 밴 흙을 품는다

어깨 위엔 꿈결 같은 풍경 하나쯤이고,
입가엔 늘 진한 사투리로 풀꽃 같은
말을 틔운다

이따금,
마음이 메말라 전화기를 잡으면
그는 바람처럼 달려와 묻는다
"거, 얼굴이나 한 번 바여."
그 말 한마디면 마음 한편에 쌓인 먼지가
툭,
날아간다

칼국수 한 그릇 삶아내듯,
그는 인생을 오래 끓여낸 국물 같은 사람

속을 데우고, 기억을 불린다

푸른 산이 대답하듯,
그는 늘 나보다 먼저 내 안의 빈자리를 알아챈다

이름마저도 봄처럼 스며드는 在春재춘
그는 고요한 푸른 등성이에 기대어,
세상이 지쳐 돌아올 때
내 마음의 뒷마당에서 조용히 등을
내어주는 사람이다

• 차승진

이름만으로 봄이 되던 날

물비늘조차 흔들지 못한 바람이 문을 열고 들어섰다
소리도 없이 계절은 피어나고,
비워둔 빈터마다 초록이 스며들 듯
하나, 둘, 마음의 그늘이 환해진다

가슴 깊은 샛강을 따라 흐르는 물길처럼
텅 빈 자리를 비워내어
조용히 채워지는 사람이 있었다

말보다 먼저 다가오는 눈빛,
묵음의 미소로 피어나는 따뜻한 여백

그 사람,
웃음처럼 흩어지던 이름
이름만으로도 봄이 되던 그 날들.
그런 날이 있었다.
바람만 스쳐도 그리움이 흘렀던
최종헌, 당신이 피어나던 계절

낯선 길 위의 나를 만나다

• 차승진

침입자– 감기

몸의 빗장이 풀리는 순간,
그놈은 어둠을 틈타 담장을 넘었다
발소리도 없이 스며들어
내 안에서 천천히 둥지를 튼다

그놈은 먼저 내 혈관을 길 삼아 흐르고,
뼛속까지 퍼져 나를 장악한다
머릿속 깊은 곳에서 불을 지피고,
숨구멍마다 시린 바람을 불어넣는다

이마 위로 뜨거운 손을 얹고,
눈가에 붉은 서명을 남긴다
그놈이 남긴 잔해는 끈적이고 지독하다
콧등을 타고 흐르는 누런 흔적,
쉼 없이 쏟아지는 무너진 기운

몸이 성벽이라면,
나는 이제 폐허 속에 서 있다
그놈이 다 먹어 치운 자리,
여기저기 상처만 남아 있다

그러나 나는 안다
언젠가 그놈도 허기질 것이고,
결국 이곳에서 물러나리라는 것을
그러면 나는 다시 일어나
문을 걸어 잠그고,
그놈이 남긴 흔적을 지울 것이다

• 차승진

海日香, 바다가 피운 이야기

그날, 여름은 바람의 손에 이끌려 고갯길 어귀에
앉아 있었다
잠시, 길 위의 숨결은 정지했다

젊음은 소설이었다
어디선가 빌려온 듯 싱그러운 문장들,
서툰 농담처럼 허기진 대화 속에서 흘러나온 웃음들

그들이 지나친 육중한 가드레일 너머로,
검푸른 잉크 한 방울이 바다에 번지듯
세상이 조용히 일렁였다

그 길은 열려 있었고,
마치 오래전 꿈에서 보았으나 다시는 찾을 수 없을
묘한 기시감 속에서 서 있었다

그때, 주머니 어딘가에서 터진 신호음
세상과 얇은 끈이 파르르 떨렸다
"거기 어디고?" '海日香'
바다와 해, 그리고 향기

익숙하되 낯선 그 이름이 바람 따라 흘러나왔다.
"아. 머. 라. 카. 노?"
언덕 위에서 누군가 써내려다 놓은 이야기,
끝맺지 못한 문장이 천천히 걸어 나왔다

우리는 알았다
그날의 길, 그날의 여름, 그날의 바다가
하나의 장면이 되어
서늘한 기억 속에서 향기처럼 피어날 거라는 걸

• 차승진

타임캡슐에 대하여

살다 보면,
한 번쯤은 미래를 향해 띄우는
조용한 유언장을 쓰고 싶다.

늦은 밤, 낯선 여정의 끝자락에서
묵묵히 적어 내려가는 문장들
순서도, 수사도 필요 없는
속내의 말들을 연필로 또박또박
그려내는 것이 좋겠다.

생각이 멎으면
눈을 감고 오래된 창가처럼
지나간 날들을 천천히 불러오면 된다.

쓸까 말까 망설이는 구절 앞에서는
지우지 않아도 괜찮다.

그 순간 마음이 시키는 대로,
바람이 잎을 움직이듯
자연스럽게 흐르게 두는 것이 가장 진실하리니.

단 하나, 잊지 말아야 할 것.
해보고 싶었던 일,
하지 말았어야 했던 말들,
낙서처럼 흩어지는 잉크 자국이 되어
아무 의미 없이 버려질지도 모르니까.

어느 날, 문득 바라본 풍경처럼
수십 년을 잠든 종잇조각들이
누군가의 손에 의해
숨결을 되찾는 날이 올 것이다.

그때, 그 조용한 기록은
잊힌 시간의 틈에서 피어나는
하나의 유물처럼, 가만히 부활하리라.

• 차승진

날개 끝에 실린 문장

달은 낮에도 쉬지 않는다
그는 하늘 가장자리에서 조용히 숨을 고르며
지상에 흩어진 작은 이야기들을 품는다

아침이 열리면,
사람들은 바둑판 위 말처럼 움직이며
삶의 수를 놓는다

저마다의 자리에서, 저마다의 빛깔로
하루를 짓고, 허물고, 다시 쌓는다

구름은 바람에 실려 낮게 몸을 눕히고
봄꽃들은 입을 열어 속삭인다

“우리는 시간을 향해 피어난다.”
닿을 듯 닿지 못한 말들이
하늘을 향해 날아오를 때, 달은 그것을
받아 안는다

말없이, 지구라는 푸른 행성을

한 걸음 멀리서 바라본다

그는, 안다
이 모든 풍경이, 이 모든 속삭임이
결국은 시간의 뒷모습이라는 것을
휘어진 빛의 틈 사이,
그는 무언가를 전하려는 듯 희미하게 떨린다

이내 기울어가는 오후의 긴장 속에서
한 마리 새가, 한 대의 비행기가,
마지막 문장을 날개 끝에 싣고 떠난다

• 차승진

불의 숙명
–산불이 곳곳으로 번져나가던 그 날에

불길이 춤춘다.
바람과 입을 맞추고, 어둠을 뚫고 나와
붉은 혀로 산맥을 핥는다.

어제까지 푸른 숨을 쉬던 나무들은
절규하며 몸을 뒤틀고, 속삭이던 숲은 비명을 토하며
자신을 삼킨 불꽃을 저주한다.

저기, 불씨 하나가 굴러 떨어진다.
처음엔 장난기 어린아이처럼 소심하게 몸을 흔들더니,
이내 허기진 맹수처럼 모든 것을 집어삼킨다.

돌아갈 곳이 없어진 짐승들이
공포에 젖은 눈빛으로 길을 잃고,
연기는 하늘을 검게 물들이며 태양을 가둬버린다.

누군가 묻는다.
"이 불은 어디서 왔느냐?"
침묵이 대답한다.
바람도, 나무도, 짐승도

입을 다물고 그저 타들어 간다.

어디선가 들리는 희미한 탄식,
그것은 타버린 뿌리들의 유언인가.

불길이 지나간 자리엔
잿빛 재만이 남고, 숯이 된 대지는
뜨거운 눈물을 흘린다.

기억하라, 잿더미 속에서도 생명은 움튼다.
새벽이 오면, 불의 숙명을 이겨낸 작은 싹 하나가
재 속에서 고개를 들 것이다.

그 싹을 바라보는 눈물 어린 시선들,
그 손끝에서 다시 바람이 움틀 것이다.

• 차승진

빈 그릇

"심령이 가난한 자는 복이 있나니."
나는 오늘도 이 희망의 문을 연다.

닳고 닳은 손끝으로 푸른 문고리를 잡으면
녹슨 경첩이 낮게 숨을 내쉰다.

길은 언제나 낮은 곳으로 흐른다.
낡은 담장 위에 걸린 전선들처럼
삶은 엉켜 있어도 빛은 그늘을 찾는다.

하늘을 찌를 듯 솟은 첨탑
저 낮은 길 위에서야 비로소 우뚝 선다.

태양은 다가가 손을 내밀고
어둠은 그 손끝에서 천천히 녹아내린다.

나는 다시 걸음을 걷는다.

문을 닫기 전,
누군가 내 뒤에서 속삭인다.

"이 길의 끝엔 무엇이 있는가?"

나는, 독백처럼 말한다.
"그저, 걸어가야 한다."
빛이 머무는 곳이 어디든,
그 끝이 무엇이든.

• 차승진

낮달 아래 피어나는 이름

어느 날은,
떠오르는 생각들이 풍경이 된다

길가의 나뭇잎에도 그리움이 머무르고,
불러보지 못한 노래처럼
입안에 맴도는 얼굴 하나

희미한 낮달 아래
말보다 명쾌한 음성이 들린다
세상이 아직 열어보지 못한
감동의 물결이 가슴 안쪽을 적시고,
그 순간, 전화를 건다

빛보다 먼저 마음을 보내는 사람
바람보다 먼저 도착하는 숨결

그 사람의 마음은 낙하산과 같아
절벽 같은 하루 위에서
활짝 피는 순간, 은은한 빛을 보여준다

그 이름이 있다
엄. 재. 국.
그의 이름이 피어나는 날엔,
하늘도 가볍게 내려앉는다

• 차승진

아파트, 아파트

벽 하나 사이에 두고
서로 다른 이야기가 공존한다.

같은 건물 속에서 우리는 다른 길을 걷고 있다.

그 속에서 때로는 소통하고, 때로는
고독을 느낀다.

아파트의 방들은 감정을 반영하는 거울이다.

아래층, 아래층, 가로막은
층간
그 웃음소리 쓸쓸한 눈물이 벽을 타고 흐른다

아파트, 아파트
아파트, 아파트

밤이면 창문마다 불빛이 켜지고, 그 빛은
수많은 별이 되어 '로제'의 노랫말처럼
층, 층, 층 물들어간다.

아파트, 아파트, 아파트, 아파트
아파트, 아파트, 아파트, 아파트

• 차승진

여름밤

휴식하는 밤

머리맡 손부채를 흔들어
단잠을 청하는 시간

별별 생각을 지우려
마음의 문을 닫으면

밀려가는 잔물결,
깜빡깜빡 흐릿한 눈꺼풀

안개처럼 흘러 흘러가는
가난한 사람들의 뒷모습

잘 가라, 잘 가라
손 흔드는 거리

잠들어라, 잠들어라,
가물거리는 기억
…

스르르 연실처럼 풀어지는

• 차승진

입속의 작은 무덤

먹어야 사는 입 속의 작은 무덤 하나
씹고, 뜯는 그 치아의 손실된 시간에,
입 속에 작은 치아의 무덤 하나 묻어 놓았네

그 살아있는 무덤으로 남은 날들을
돌아보게 하는 날들의 이야기

잎새가 떨어지며 흙으로 돌아가는 그 순환
속에서, 우리 인생의 궤적

시간이 지나며 가슴에 새겨진 상처들과,
떠나보낸 이들의 흔적

그 무덤들은 우리가 살아온 증거이고,
걸어온 길의 이정표

입 속의 작은 치아의 무덤 하나,
그것은 우리의 삶의 흔적을 담고

나날이 쌓여가는 시간 속에서 우리는 무엇을 남기고,

무엇을 잃어왔는가,

고통과 기쁨, 상처와 치유, 그 모든 것이
우리의 삶 속에 깊이 새겨져

살아가는 동안 흙으로 돌아갈 그 날까지,
우리는 끊임없이 무언가를 씹고, 뜯고, 삼키며

생겨난 무덤들은 우리의 삶을 되돌아보며,
또 다른 길을 향해 나아갈 힘을 준다

그 살아있는 무덤들을 바라보며,
남은 날들을 깊이 있게 살아가기를
돌아가는 그 길 위에서,
우리는 무엇을 남기고, 무엇을 배울 것인가

• 차승진

부산 쪽에서 들려오는 이름

그는 기차였다
부르지 않아도 먼저 도착하는 마음,
긴 레일 따라 달려와
어김없이 누군가의 허기진 시간을 채워주는 이

속은 깊고 단단했다
묵묵히 덜컥, 덜컥
철심 같은 결심으로
이것저것 삶의 나사를 조여가며
부산항 바닷바람에도 흔들리지 않고
자기만의 선로를 깔아온 사내

그의 어깨 위엔
갈매기들이 스쳐 지나가고,
그의 눈빛엔
누군가 살아갈 수 있도록 만든 자리 하나,
미소처럼 남아 있다

형이 아니면 안 되는 순간이 있다
묵직한 침묵 뒤에 놓인 따뜻한 말 한마디,

늘 한 걸음 앞서 기다리고 있는
기차 같은 사람, 태영 형님

• 차승진

한 걸음 앞, 그 끝에서

어느 새벽, 바람이 가만히 멈춘다
그는 땅을 딛고 선다. 무게를 실어 내려앉은 순간,
온 세상이 조용해진다

등 뒤로 태양이 걸어오고,
그는 미세한 떨림 속에서 숨을 고른다
눈앞의 저 너머, 아직 닿지 못한 곳.
그곳을 향해 날아야 한다. 그러나,
그의 날갯짓 하나에 바뀔지도 모를 이 흐름

그는, 안다
비행은 단순한 몸짓이 아니다
추락과 상승의 아슬한 경계 위,
멈춤과 도약 사이에서 완성되는 것

그는, 기다린다
봄볕이 충분히 스며들기를,
그의 그림자가 마지막 흔들림을 멈추기를
그리고 마침내, 그곳을 향해 몸을 던진다

• 차승진

구멍가게를 지나는 길

가끔,
기억이 발목을 잡는 그 길로
아내와 함께 걷는다

속이 훤히 보이는 양푼처럼
허기까지 품어주는 집,
그 앞에서 우리는 계절의 턱밑을 스치며
앞서거니, 뒤서거니 햇살 위를 걷는다

살아가는 일이 긴 여정이라면,
우리는 지금 언덕의 작은 정류장
미소 한 잔씩 커피믹스로 나누는 쉼터

"삶은, 달걀이야"
익숙한 농담 속에서 꽃이 핀다

미움도, 서운함도,
삶의 반대편에서 오는 그리움도
어쩌면 오래된 연애편지 같아

구멍가게는 문을 반쯤 열고
기억을 세워 두고, 그 곁을 지나 읍내 다방,
다방을 지나 푸른 불빛 아래
우리는 잠시 멈춘다

누군가의 어깨 같던 건널목,
그곳에서 다시
함께 걷는 방향을 고른다

• 차승진

기억의 은행

팔십 즈음의 바람 한 자락
기계 앞에 선 두 손은 오래된 바다의 물결처럼
느리게, 조심스레 파문을 그린다

딸깍, 툭툭
숫자들이 가물가물한 별자리처럼
문자판 위를 흘러가고 우물 속으로
두레박을 내리듯
그녀는 무언가를 끌어올리려 한다

깊이를 알 수 없는 곳에서
익숙한 듯 낯선 목소리 하나
"거래가 취소되었습니다.
처음부터 다시 해주십시오."

세상은 그토록 자기 말만 부드럽게 되뇌고
그녀의 말은
너무 오래되어 메아리조차 없다

조심스레 입을 벌린 통장은

덜 구운 토스트처럼 삐죽 말려 있고,
그 속의 숫자들은 모래알처럼 작고 무심하다

겨우 끌어올린 지폐 몇 장,
배춧잎 빛깔의 그 잎들이 손등의 강줄기 위를
서늘하게 흘러간다

세월이 흘러 보낸 마디마디의 기억을
아직도 지닌 손가락으로
가끔은 금붕어처럼 반짝이며 튀어 오르는 이름들을
가슴에 묻고 뒤뚱이는 걸음 사이로
허공에 풀린 포댓자루처럼 시간은 흩어지고
한 생을 다 불태운 장작 같은
그 손이 기억을 들어 올린다.

한 줌, 다시 한 줌,
자꾸 사라지지만 여전히 따뜻한 무언가를

• 차승진

나비의 집

한 생각이 부풀어 오르는 시간,
그것은 마치 고요한 물결 속에서 떠오르는
한 방울의 빛과 같다.

순간의 틈새로 피어오른 그 생각은
마침내 한 마리 나비가 되어 날개를 편다.

나비의 비상은 무겁지도, 가볍지도 않다.

공중으로 부유하며 무한한 공간 속에
선을 그리는 춤사위,
그 아래엔 인간의 세계가 작게 흔들린다.

발아래 있는 세상은
더 이상 닿을 수 없는 거리로 멀어지고,
시간은 묵묵히 흘러갈 뿐이다.

멈출 수 없는 순간들이 어깨를 스치며
지나갈 때,
그 조각들은 마음속에 집을 짓는다.

벽돌 하나하나가 희망과 회한,
그리고 다시 피어오를 꿈으로 쌓여간다.

결국 이 순간은 단순한 감각이 아니다.

그것은 시간의 틈에서 발견한 영원,
그 속에서 나는 나비의 눈으로
삶의 무한한 넓이를 바라본다.

창공 속 나는 나 자신과,
또 내가 모르는 모든 것과 연결된다.

• 차승진

달 쪽으로 지은 집

들리시나요,
이 고요한 하늘 너머로 띄운 작은 숨결을.

겨울을 통과한 나뭇가지들이
가진 것 없는 손으로 하늘을 더듬을 때,
나는 말 대신 둥지를 짓기 시작했습니다.

그리움은 언제나 멀리 있기에,
당신이 바라볼 수는 있어도
닿을 수 없는 자리에 머물렀어요.

하늘과 나 사이엔
늘 그대가 있고,
나는 그사이 어딘가에
작은 마음 하나를 걸어둡니다.

달이 그 위를 지나며
가끔은 고개를 끄덕여 줄지도 몰라요.
당신을 향한 이 쓸쓸하고 따뜻한 짓눌림을,
잠시나마 알아주는 것처럼.

• 차승진

도시의 광산

이곳은 금광도 아니고,
희귀 광물이 매장된 땅도 아니다.
하지만 사람들은 이곳을 '광산'이라 부른다.

버려진 컴퓨터, 폐기된 티브이,
가정에서 쫓겨난 전자 쓰레기들이 행렬을 이룬다.

유리가 깨지고, 철심이 드러나고,
납땜 된 회로들이 동물의 내장처럼 펼쳐진다.

낱낱이 해체하는 노련한 손길.
그의 손끝은 마치 외과 의사의 메스를 닮았고,
그의 눈빛은 조립을 거꾸로 돌리는 시계처럼
시간의 역사

"한때는 새것이었지,
저 컴퓨터를 처음 사던 소년의 얼굴,
그 티브이를 보며 울던 가족의 모습.
다 지나갔어도 여기 남았네."

자동차 생산 공장에서
수십 년을 보내고 은퇴한 그는
다시 작은 일터로 돌아왔다.

부지런한 그의 손은 멈추지 않는다.
남은 부품들은 분리되고,
쓸모없는 잔재는 버려지며, 다시금 자원이 된다.

"사는 게 다 이런 거지,
끝난 줄 알았는데, 또 시작되고,
버려진 줄 알았는데, 또 쓰이고."

그의 말에 실린 목소리는
마치 삶의 철학처럼 작은 공장 안을 메운다.

해맑은 눈동자에 담긴 이야기.
이곳은 도시의 광산.

• 차승진

잎새 따라온 길, 빛이 되다

물결처럼 일렁이는 바람이
대숲의 어깨를 토닥인다

잎새들은 은빛 소리로 화답하며
작은 물결을 타고
어느 길 위의 기억을 깨운다

그 길을 따라,
하늘보다 키가 커지고 싶었던 한 소년이
고요히, 그러나 단단히 걸어왔다

세월의 빌딩들은 그의 뒷모습을 기억하고,
그는 마침내 스스로가 빛이 되었다

이제 그는 어둠 속에서도
누군가의 길을 밝혀주는 등대
계절은 말없이 그 문을 열고 들어와
그의 가슴 한가운데
오렌지빛 등불을 걸어 놓는다

그 불빛 아래,

신 명계 회장이라는 이름보다
더 따뜻한 사람의 숨결이
오늘도 세상을 비춘다

• 차승진

봄 편지

오랫동안 서로를 바라만 보던 말들이 있었어요.
가지 끝에서 맴돌던 그 말들은
서로의 온기를 느끼면서도
끝내 닿지 못한 채,
겨울의 침묵 속에 숨을 죽였죠.

바람이 방향을 바꾸고
하늘이 부드럽게 웃어주자,
그 말들은 조심스레 봉오리를 틔웠어요.

"안녕,"
누군가 먼저 속삭이자
숨겨왔던 마음들이 연분홍빛으로 물들며
하늘을 향해 손을 뻗었죠.

겨우내 접어둔 편지들이
봄의 우체통에 도착한 거예요.
그제야 우리는 알았죠.
닿지 못한 줄 알았던 말들도
때를 만나면

꽃이 되어 피어난다는 것을.

• 차승진

빛으로 물든 새해의 언덕

내 안에 빛이 스며듭니다
보이지 않는 곳에서 내려오는 따스한 빛

색색으로 물든 창가에 서면
어제의 기억들은 숨결 속에 녹아듭니다.

새해의 희망은 빛의 조각들로 가득
채워집니다

가까이 다가갈수록 사라지는 것들,
잡을 수 없는 그림자처럼 스쳐 지나갑니다

그 뒷모습 속에서
희미한 빛줄기가 속삭입니다

바람이 그림자를 빗질하는 순간에도
나는 꿋꿋이 한 걸음,
또 한 걸음 계단을 오릅니다

그렇게 올라서면 비로소 보일 겁니다

빛으로 물든 새로운 세상과
희망의 문이 열리는 찬란한 풍경이

• 차승진

집

몸에 어둠을 한 겹 걸치고
조용히 문을 벗어난다

어디선가 떨어진 받침 하나,
옷은 옻이 아니라 어깨를 지탱하는 못이 되고
삐뚤게 쓴 하루가 뜻밖에 시가 되는 아침

집은, 등 뒤에서 온기를 눌러주는 말
돌아보면 늘 거기 있는 등불 같은 것

한 글자씩 들여다보면
'집'은 사람들의 숨으로 이루어진다

아버지의 땀이 닦인 흙,
어머니가 불린 쌀,
식탁 위 김이 피어오르는 사이
아내의 손끝은 작은 제사를 올린다

그 길목에서
유치원의 아이들이 웃음을 키우고

버스 정류장을 지난 할머니는
오래된 시간처럼 허리를 고쳐 꺾는다

밤이 오면 동산엔 달이 익고,
지붕마다 피어오르는 밥 냄새

하얀 접시 위에 놓인 홍시 하나
그 속삭임처럼 맑은 태양을
아버지는 두 손에 가만히 얹고,
몸 안에 불씨를 되살린다

입은 옷이 낯설게 느껴질 때
등 뒤의 집을 돌아본다
베란다 화초들이 말없이 뿌리를 다져가듯,
그 집엔 보이지 않는 시간이
조용히 뿌리를 내리고 있다

〈해설〉
– 차승진 시인의 시집을 읽으며 –

김현아(영화평론가)

시의 등을 타고 흐르는 시간의 강

삶은 조용한 물소리처럼 우리 곁을 흐릅니다. 그리고 그 흐름 속에 사람들은 저마다의 기억을 띄워 보냅니다. 차승진 시인의 시집은 바로 그 기억의 강에서 건져 올린 말들의 연작입니다. 그의 시편들 속엔 가족의 숨결이 살아 있고, 그 숨결은 어느 비 오는 오후의 창가에서부터, 손녀의 무심한 한마디 속에서, 아버지의 호흡이 남아 있는 강가의 바람 속까지 깊게 스며들어 있습니다.

한 장의 사진은 말이 없습니다. 하지만 그 안에는 수십 개의 대화와 웃음소리, 그리고 참았던 눈물이 겹겹이 쌓여 있습니다. 차승진 시인의 「가족사진」은 '시간의 정지' 속에서 가족의 사랑이 어떻게 살아 움직이는지를 보여줍니다. 카메라 셔터가 눌린 그 순간, 우리는 모두 잠시 웃는 얼굴을 하고 있지만, 그 웃음 뒤에는 수없이 반복된 안부와 기다림, 보살핌이 숨어 있습니다. 시인은 그 사진을 들여다보며 말합니다. "사진은 지나가는 순간을 붙잡은 것이 아니라, 다시는 돌아오지 않을 사랑을 새긴 것"이라고.

벚꽃이 흐드러지던 봄날,
햇살은 잎새 사이로 조용히 말을 걸고
우리는 그 아래 멈추어 섰다

아내의 생일이었다
경주 대릉원, 시간도 숨을 죽인 채

우리 곁을 지났다
그날의 한순간, 거실 벽 작은 틈 속에
조용히 살아 숨 쉬고 있다

액자 속 얼굴들을 오래 들여다보면,
나와 아내, 아들과 며느리, 딸과 사위
두 손주, 은비와 찬영, 작은 눈동자들에 고였던
맑은 세월의 숨결이
아직도 내 가슴에 따뜻하다

시간은 여러 겹의 계절을 넘고
아들과 며느리 사이에 태어난
정우, 연우
아들이 직접 짓고 불러 준
이름 하나에도 햇살이 들고 바람이 깃든다
내 안의 '나'가 조금씩 풀리던 그때,
사랑이란,
손에 닿지 않는 물비늘 같기도 했다
기념일마다 켜지는 작은 촛불,
기억은 약속처럼 오래 남는다

손과 손이 맞닿아 만든
성벽보다 단단한 어울림
서로를 품은 그 한 장의 우리의 이름들,

–「가족사진」 전문

「비 오는 오후의 소리」는 그런 기억의 물가에서 건져 올린 첫 인사 같습니다. 촉촉이 젖은 오후, 빗소리 사이로 조심스레 피어나는 그리움은, 사랑하는 이들의 체온을 떠올리게 하고, 가만히 귀를 기울이면 오랜 시간 동안 꾹 눌러 담았던 말들이 천천히 피어납니다. 시인은 그 적막한 음악 속에서 우리에게 다정한 질문을 던집니다.
"당신의 오후는 안녕한가요?"

회색빛 오후의 고요를 깨우며
저만치서 부르는,
"할아버지!"
종달새처럼 맑게 튀어 오른 한 음성
피아노 가방보다 작은 어깨,
발끝마다 고동치는 리듬을 달고
정우가 다가온다

작은 손을 잡고
물빛 풍경 사이를 건너며
그 아이의 목소리 내 마음에 물처럼 스며든다

도레미와 함께 굴러온 이야기들
학교라는 섬, 친구라는 파도,
가끔은 덜 마른 감정들까지
비와 함께 내려 골목을 적시는
한 장의 풍경화 속, 정우의 웃음은
유리알처럼 맑다

–「비 오는 오후의 소리」 일부

이어서 다가오는 「낱말의 씨앗」은 손녀 연우의 천진한 말 한마디에서 출발합니다. “하나님은 뭐야?” 이 짧은 질문 안에 담긴 순수함과 경외는 그 어떤 장대한 신학보다 깊은 울림으로 다가옵니다. 시인은 그 물음을 ‘씨앗’이라 불렀고, 그 씨앗은 언어가 자라기 전 마음이 먼저 움직이는 순간의 경건함을 말합니다.

이 시를 읽는 우리는 문득 깨닫게 됩니다. 신앙이란 무엇을 믿는가, 이전에 누구의 눈을 들여다보며 말하는가에서 시작된다는 사실을.

봄비 머금은 씨앗 하나,
마음의 흙에 살며시 스며들었지요

햇살은 노란 담요 되어
그 위를 덮어주고, 바람은 조용히
자장가를 불러 주었어요

설렘은 조용히 숨 쉬며 자라고
기다림은 물방울 되어
가슴속 뿌리를 적셨지요

씨앗은
동그란 화분 하나로 피어났어요

—「낱말의 씨앗」 일부

흙 속에서 가장 겸손하게 자라는 작물, 감자. 그 위에 피어난 하얀 꽃을 시인은 그냥 지나치지 않습니다. 「감자꽃」은 눈부시지 않아서 더 오래 남는 사랑에 대한 이야기입니다. 어머니가 땅을 일구며 피워낸 감자꽃은, 그 자체로 한 송이 기도입니다.

이 시는 말없이 몸으로 살아낸 사랑, 그중에서도 어머니라는 존재가 품은 깊고 조용한 헌신을 떠올리게 만듭니다. 감자꽃은 작고 연약해 보이지만, 실은 가족을 먹여 살리는 힘의 근원이기도 합니다. 그래서 이 꽃은 가장 낮은 데서 가장 위대한 사랑을 피워냅니다.

하얀 꽃잎처럼 머리에 두른 수건,
그늘도 없이 쏟아지는 햇볕 아래.

어머니는
조용히, 아주 조용히 피어나셨다.

바람이 지나가며 꽃잎을 흔들 때
어머니의 손도 함께 흔들리고,

구름이 머물다 가는 순간마다
어머니의 등이 밭고랑 속에 스며든다.

나는 아직 어린 걸음으로 다가가
그 풍경을 바라보았다.

정오의 시간 속에 멈춘 어머니,
한 폭의 그림이 되어
흙과 함께 그곳에 머물러 계신다.

—「감자꽃」 일부

「오겡끼데스까」에서는 장모님과의 마음의 거리를 잇는 언어가 등장합니다. 먼 나라의 인사말이지만, 시인은 그것을 지극히 개인적이고 다정한 안부로 끌어안습니다. 그 안에는 건널 수 없는 세월, 전하지 못한 이야기, 끝끝내 지워지지 않은 사랑이 녹아 있습니다. “잘 지내고 있느냐”는 말이 이토록 애틋할 수 있다는 것을, 시인은 섬세한 언어로 증명합니다. 그 말은 국경을 넘고 시간도 넘습니다. 마침내 우리 모두의 마음속 어딘가에 닿습니다.

’스 와 즈‘의 언저리,
말끝마다 타향을 베어 물던
바람 같은 사람.

높낮이 없는 말의 층계를
가만히 허물던 눈매,
한 치 흐트러짐 없는 자존의 결.

‘내’와 ‘너’를 나누는 분홍 문장,
손에서 놓지 않던
은실로 엮은 소리, 엥까.

화면 너머 패를 짚던 눈썰미,

먹선 따라 춤추던
사십팔 폭의 손끝, 그건 마치 무늬였다.

—「오겡끼데스까」

‘며늘아기’라는 다정한 단어 속에는, 시간과 마음이 함께 녹아 있습니다. 이 시에서 시인은 처음 맞이한 며느리를 통해, ‘가족’이라는 이름이 어떻게 자라나는지를 그립니다. 어느 날 갑자기 들어온 존재가 아니라, 오래전부터 마음으로 품고 있던 딸처럼 시인은 며늘아기를 받아들입니다. 「며늘아기」는 단순한 가족의 확장이 아닌, 사랑의 새싹이 자라나는 풍경을 보여주는 시입니다. 그 이름을 부를 때마다 마음이 한 뼘 더 따뜻해지고, 며늘아기를 위한 자리 하나가, 이제는 가족의 중심으로 자연스럽게 옮겨 앉습니다. 시는 조용히 말합니다. 사랑은 혈연보다 넓고, 피보다 더 깊은 시간 속에서 피어난다고.

바람이 문턱을 넘을 때,
한 사람이 조용히 집 안으로 들어섰다.
그녀는 아들의 여인이라 불렸고,
우리의 가족이라 불리기 시작했다.

그 눈빛은 별빛처럼 반짝였고,
세상의 언어를 다 아는 듯,
고요히 웃으며 마음을 읽는 재주를 가졌다.

그녀 곁에는
총명한 아들과, 해맑은 딸아이
세상의 축복 같은 존재들이 머문다.

그 아이들의 쉼터가 되어주는 그녀는,
웃음으로 하루를 감싸 안고,
말하지 않아도 전해지는 따뜻한 서사 하나를
조용히 품고 있다.

그 미소는
열지 않은 판도라 상자처럼
수많은, 이야기들을 숨기고 있지만,
그것만으로도 우리는 안다.

– –「며늘아기」 일부

느릿한 존재, 「거북 등에 바다가 산다」는 시간을 등에 이고 살아가는 이들을 위한 시입니다. 거북은 느리지만 묵묵하고, 거친 등껍질 안엔 바다처럼 깊은 이야기가 스며 있습니다. 시인은 거북의 등을 삶의 무게와 닮은 존재로 그려내며, 그 속에 잔잔히 출렁이는 바다를 봅니다. 결국 삶이란, 그 느림 속에 무엇을 싣고 가는가의 이야기일지도 모릅니다. 시는 그 무게마저 따스하게 품습니다.

그리고 「찬영이라는 이름에」는 한 아이의 이름이 얼마나 많은 사랑과 기도로 지어진 것인지를 보여줍니다. '찬영'이라는 이름을 부르며 시인은 기억 속의 시간을 다시 불러옵니다. 이름 하나가 한 편의 연대기가 되고, 그 연대기는 가정이라는 울타리 안에서 끊임없이 되뇌이는 사랑의 다른 이름이 됩니다. 이름을 부른다는 건, 존재를 불러낸다는 것이고, 그 존재를 끝까지 지켜주겠다는 다짐이기도 합니다.

아이였던 찬영이가
어느새 미루나무처럼 쑥쑥 키를 키운다
햇살보다 먼저 일어나는 키,
바람보다 먼저 자라는 마음
그 목소리는 대나무 같다
마디를 지나 또 마디를 넘어,
또렷하고 곧게 뻗어가는 말들 속엔
시간이 쌓이고, 생각이 자란다
어느 날, 인사 대신
성큼 다가와 긴 팔로 나를 감싼다

그 순간, 나는 안다
이 장면은 곧 개봉될 한 편의 영화,

예고 없이 시작된 가슴 벅찬 시퀀스

—「찬영이라는 이름에」

"기억은 피부 아래 남는 작은 문신."
이 얼마나 절묘한 비유인지요. 「은단」 껌은 단순한 향의 추억이 아닌, 몸이 먼저 기억하는 사랑입니다. 아이에게 습관처럼 건넸던 껌 한 조각이, 열두 해가 지나도 여전히 기억의 언어로 남아 있는 장면은 참으로 뭉클합니다. 시인은 어머니의 손맛처럼 "배우지 않아도 몸이 먼저 알아채는" 사랑을 말합니다. 이 시는 그리움이 어떻게 일상 속에 살아 숨 쉬는지를 조용히 증명해 줍니다. 껌 속에 담긴 향은, 어쩌면 어머니의 이름일지도 모릅니다.

하루가 저물고,
지친 발끝이 불빛 아래 닿는 저녁
나는 문득, 작은 손에 하나,
습관처럼 박하 껌을 건넸다

그날들로부터 열두 번의 봄이 지나도
그 아이는
그 맵싸한 향을 기억한다

마치, 어머니의 손맛처럼
몸에 새겨지는 그리움은
배우지 않아도 몸이 먼저 알아채는 법
누군가는 절규로 부르던 그 이름,
누군가는 껌 한 조각 속에 숨겨 두고
가만히 꺼내는 노래
안개꽃 피는 강가에서

소녀는 어느새 노래가 되었고,

–「은단 껌 」 일부

이 시집엔 이처럼 '소중한 것들이 지나간 자리'가 자주 등장합니다. 지갑을 건네던 딸아이의 손길, 은단 껌을 챙겨주시던 아버지, 면도기를 쓰던 아들의 뒷모습, 감자꽃 사이로 피어난 어머니의 손길, 강을 건너며 묵묵히 삶을 감당하던 아버지의 그림자, 거울에 비친 낯설고도 익숙한 내 얼굴… 이 모든 것이 차승진 시인의 시에서는 '시'라는 그릇 속에 천천히 담깁니다. 독자는 그 그릇을 들여다보며, 자신만의 기억과 사랑, 기다림을 떠올립니다.

한낮의 고요한 틈을 가르며 펼쳐진 것은 단지 지갑이 아니었습니다. 그것은 딸아이가 아버지를 향해 천천히 내민, 말로 다 전하지 못한 사랑의 문장. 포장의 주름마다 마음이 접히고 펼쳐지며, 시간이 한 겹 한 겹 쌓인 작은 우주로 피어납니다. 이 시는 '선물'이란 말 대신, '비워지는 쪽을 먼저 걱정하는 것'이 사랑임을 조용히 알려줍니다. 아버지의 손 위에 놓인 지갑은, 세상의 어떤 보석보다 따뜻한 기억의 파편이고, 말없이 켜진 촛불 같은 존재입니다.

말없이 피어나는
포장의 주름들 시간을 접은 듯,
딸의 마음이 천천히 펼쳐진다

먼저 웃는 이는
늘 그렇듯, 나보다 먼저 봄이 오는 사람

아내의 눈빛이 꽃잎처럼

먼 데서부터 나를 불러온다

선물이란
말 대신 묶은 침묵, 봉인된 속삭임
마음의 가장자리에서 머뭇대는
이름 모를 형용사

무대에 오르기 전
막을 들추던 긴장처럼,
잠시, 우리는 한 문장의 공백에 머문다

—「지갑」 일부

아내를 향한 시선이 이토록 따뜻하고 겸손한 시가 또 있을까요. '그녀의 남자'는 아내를 중심으로 다시 쓰인 부드러운 역설입니다. 그녀는 늘 앞서 걷고, 분주하며, 단단합니다. 그러나 그 모든 재빠름의 한복판에는 한없이 조용한 사랑이 자리합니다. 말없이 뚝딱 아침을 차려내는 손끝에서, 얼음장 같은 겨울을 건너는 발끝에서, 시인은 사랑을 봅니다. 그리고 그 사랑이 결국 '자신을 위한 것'임을 깨닫는 남자의 순간은, 고요한 깨달음이자 뒤늦은 고백처럼 울림이 깊습니다.

그녀는 휙 던져도
용수철처럼 튀어 오른다.
굽히지 않는 힘,
말없이 견디는 강인함이
몸에 배어 있다.

직선으로만 뻗은 길 위,
정오의 태양이 내려앉은 겨울.
그녀는 얼음장에 갇힌 물고기처럼
차가운 침묵을 품은 채
묵묵히, 그 길을 따른다.

그 발끝에
달그림자가 따라붙고,
그 손끝에
온기가 피어난다.

분주한 손놀림으로 뚝딱,

아침상을 차려내는 마법 같은 순간.

그녀는 재바르다.
그러나 그 모든 재빠름 안에
고요한 사랑이 있다.

–「그녀의 남자」

마지막으로, 「아들의 면도기」「거북 등에 바다가 산다」와 같은 시편들은 각자의 삶에서 가장 소중한 장면을 고요히 펼쳐 보입니다. 마치 낡은 사진첩을 한 장씩 넘기듯, 시인은 기억을 정성껏 꺼내어 보여주고, 우리는 그 장면 속에서 잊고 지냈던 다정함과 따뜻함을 다시 발견합니다.

차승진 시인의 시는 웅변하지 않습니다. 대신 오래 바라보고, 천천히 말하며, 조용히 함께 걷습니다. 그의 시편을 읽으며 우리는 깨닫습니다. 삶은 결국, '사랑하는 사람의 이름을 부르고, 비 오는 오후에 창가에 앉아 그 얼굴을 떠올리는 일'이라는 것을.(끝)

박필우

아직 이르다.
째깍거리는 초침에 맞춰 빠르게 위로한다.
서드 에이지를 확신하면서 풍요로운 미래가
보장된 것처럼 반복된 시련을 극복하기 위해
개처럼 헐떡이고 갈지자로 걷고
하회탈처럼 웃으며 개다리 춤을 춘다.

세상의 시선은 창끝이 되어 시시때때 놀라고
은행잔고는 새파란 칼날로 변해
추억을 난도질한다.

그럼에도 불구하고 내일의 오늘은 다를 것이라며
술을 들이키며 스스로를 마취시키는 행위를
필연적일 수밖에 없어 도리라 우긴다.

현실주의자는 기적을 믿는다.
지금까지 결과가 이따위라서 그렇지
나는 지독한 현실주의자다.

• 박필우

기억의 무게

글 한 줄, 오전의 침묵
머릿속 혼란한 소용돌이
소크라테스와 배부른 돼지 사이
후자를 택하다

환각제에 취한 이상
내가 멈추자 책상 위의 시간도 정지하고
눈꺼풀은 바위처럼 무겁게 밀려든다
기어이 오수의 유혹은 달콤한 악마에 젖는데
문학도를 꿈꾸던 저세상 형의
네 꼴을 보라는 가시 돋친 질타

물로 씻은 얼굴에 남은 서늘한 온기
차가운 거울 속 텅 빈 눈동자
낡은 책상에 재차 마주한 백지에
산문은 켜켜이 쌓인 이야기에 발이 묶이고
운문은 산꼭대기에 올라 길을 잃는다

대자연과 색주 사이
방황하는 영혼은 과거에 저항하다

시루에 물 빠진 영혼이 작배의 술잔을 들어올린다

아롱대던 잊힌 꿈이 파도를 타고 흐른다
나도 흐른다
자기 연민에 빠진
이빨 빠진 저 혼자 시인은 그렇게…

• 박필우

그래서 그렇게 된 까닭

서산머리 걸린 해 눈을 감고 사라졌다
뒤따르던 노을이 한줌 바람 되어 자취를 감춘다

회색빛 머리에 눈이 쌓여 흰빛 장단 맞추자
뒷산 뻐꾸기 목마른 영혼을 재촉한다
봄꽃보다 가을낙엽이 더 아름다운 줄
에너지 고갈 뒤에야 알겠다

붉은 파도를 보았느냐, 검은 꿈을 꾸었더냐
꽃은 안개 속에 피고 귀에는
저절로 노랫가락 울리는데
시들한 욕망에 아름다움조차 무덤덤해진 시간이
놀려댄다
울다가 웃다가 또 울어버린 영혼의 탈피
끝끝내 서러움에 알몸이 되었다
그럼에도 불구하고…

탁한 눈망울과 흐릿한 시야에 조락의 삶은
염세 저편의 필사적 발버둥

짝 찾아 빌딩숲 헤맬 일 없고
수컷성도 시들해 선의만을 품은 양 하고
불면의 밤을 뒤척이며 추억꺼리 찾는다
이내 날이 밝자 어제 해가 빙글 돌며 비웃는다

오늘이 어제 같고, 어제가 오늘 같고
오늘이 또 내일 같이 반복되는 나날
아내 입술위에 끊임없이 흐르는 음악은
사랑을 빙자한 교향악
아침 먹고 알약, 점심 먹고 물약
저녁 먹고 알약물약. 먹었던가?
세상 축이 내게서 떠나는 과정이라 인정하라?

오감이 둔화되어 욕망 떨친 지 오래고
위정자 행태에 부들부들 떨 일 없어 초탈한척 하고
그리운 것 대부분 세상에 없으니 애절하지 않고
아뿔싸! 과거라고 모두가 추억이 아니더라

거울을 자주 마주하는 까닭도 같은 이치니
부정은 이전의 나로, 긍정은 지금의 나에게

• 박필우

붉은 노을이 어둠을 재촉하는 시점의 선택적 행복
기억 속 둥둥 떠다니는 욕망의 찌꺼기를 건져 잔치를
준비하니 매사가 기적이다

황홀한 노을 바라보며 운명의 장단에 맞춰
춤사위라도 펼칠 일이다
지구가 돌아가며 내는 소란과
먼지가 떨어지는 쇠락에 맞춰

나이가 들면

나이가 들면
책 읽는 여자의 모습이 아름답다
하얀 머리칼 위로 넘어가는 활자들
지나온 시간의 주름이 만든 깊은 눈동자

나이가 들면
홀로 여행하는 남자가 멋있다
낡은 배낭에 사색에서 건져낸 사연들
길 위에서 만나는 투명모시 같은 자아

그리고 더 나이가 들면
남자는 사람에 우뚝 서 이름의 무게를 짊어지고,
여자는 돈의 빛을 좇아 허영을 입어야 한다.
그래야 지지 않는 햇살처럼 눈부시다

유학자이셨던 아버지는 그랬다
그런데 어머니는 그러지 못했다
아버지 그늘 아래 고개 숙인 어머니는 홀로 서는 법을 잊었고, 감히 고개 드는 법을 배우지 못했다

• 박필우

남성 호르몬

국립중앙박물관에서 정체성을 잃었다
'사유의 방'에서 반가사유상을 보며
겨우 복받침을 참았는데
달항아리를 보자 기어이 속절없이 눈물이 맺힌다
주위가 밝아 입술을 깨물고 참았다

나이가 드니 남성 호르몬이 줄고
여성 호르몬이 봄바람에 꽃잎처럼 리듬을 탄다
여성들은 그와 반대라는 데
그래서인가?

가끔 입에서 집사람에게 "오빠!"라고 한다.

통증의 기적

쥐어짜는 배를 움켜쥔 채 신음마저 삼킨다
진통제 따위야 허깨비 기침
두 주먹은 종합병원 철문을 어스러지게 두드린다

'앞으로 착하게 살게요, 제발 살려주세요!'
확장된 주검과 단절의 공포 뒤, 넋이 나간 기도 끝에
대상포진 확진에 안도의 한숨이 간사하게 샌다

폭력과 가식의 지난날을 돌아보게 된 까닭
물질에 굴하지 않고 거대한 동력에 의탁 않는
흐르는 삶을 향한 서명 없는 서약

고개를 드니 바람이 갈대를 스치고
알을 품던 종달새가 날아오른다
길 잃은 구름들이 모여들어
내일을 비상하는 바람을 따르고
메아리가 허공을 뚫고 솟구쳐 낭랑하게 파고든다
불붙은 낙엽에 일기장을 태우며 언 손을 녹인다.

• 박필우

아버지가 나보다 어렸을 때

성리학이 길이 되어 집안 내력을 빳빳이 세웠지
아버지는 아버지, 아버지의 아버지로부터
대물림된 기력이 하늘에 닿았어
어느 날부터 얇고 빛바랜 먹물이
종이 위에 흩날리고
추임새인 양 선비의 헛기침이
허공에서 사라지자 기다렸다는 듯
뜬구름에 바람이 일었지

품속 자식이라 했어
물길 저편, 광란의 부나방 언덕에 아들 저지레를
그저 건너다보는 나보다 어린 아버지는
굴레에 감긴 걸음걸음이 서리처럼 맺히고
청잣빛 물결이 검붉게 변해 혈관을 타고
막혔다 뚫기를 거듭했어
그런 아버지 뒷모습을 주먹 불끈 쥐고 바들바들 떨며
바라보는 어머니 심장은 속절없이 타들어갔지

별 아래서 거대한 성리학 줄기가 주저앉은 밤
섬섬옥수 여린 마음에 좌절의 달빛이 물들이고

기억은 화석처럼 착상 되어 대물림되었지

책상에 앉아 몽당연필로 그립다 낙서질 할 때
갓 쓴 아버지 그림자가 창가에 서서 바람을 일으켜
귓불을 툭 쳤어

이 밤, 나보다 어린 아버지와
—한 잔 나눴으면 좋으련만…

• 박필우

분리수거

독백이 끝났다 다행이다 우주가 내는 환청 속에서 중심축을 놓친 채 마취된 듯 자유를 만끽하며 콘크리트 밀림을 내달려 꿈꾸듯 회색빛 하늘을 난다

저자거리 희망은 치명적인 독 가슴에 품었던 청춘의 건배는 고사하고 낡고 구석진 골목 비릿한 역겨움을 발버둥 쳐 야생으로 향한다 겉치레 따위야 품위를 위장하려는 것뿐 도시의 갑옷 양복 따위는 막다른 골목에 벗어버렸다

이름을 포기하는 순간 자유로운 영혼이 된다 욕망덩어리를 포기하는 순간 바람을 타고 하늘을 나는 새가 된다 집착하던 현실의 끈을 놓는 순간 새로운 자유와 마주할 것이다 사회에서 눈곱만큼 차지했던 입지를 버리는 순간 광야를 내달리는 길들지 않은 야생마가 된다

오늘 또 하나의 껍질을 벗는다 어제까지 규정하던 이름표를 떼어내고 무수한 기대와 불안을 분리수거함에 던진다 남은 것은 새털인 양 가벼운 영혼 바람에 실려 떠날 수 있는

자유뿐 이 계절 나는 나를 비워내며 다시 태어난다

인생에 영혼을 분리수거하는 매력적인 계절이 왔다

• 박필우

불가능의 꿈

하늘을 양껏 이고, 팔베개 하고 누워
하나 둘 셋 하늘에 떠가는 구름 조각 셉니다
미루나무 끄트머리 마른가지에 걸린 새털구름
시선이 스치는 순간 하늘 저편으로 물러납니다

낙엽에 섞여 막다른 골목을 뒹구는 토막 난 지전
횡재한 기분 하찮은 욕심이 즐겁습니다

한줄기 바람에 눈이 시려 어수선한 하늘을 이고
산마루 넓은 바위에 올라 사색에 잠겨
안간힘으로 산을 벗어나려는 빛과 마주하는데
참새들이 우르르 모이를 쫏는 들판은
이별을 맞이합니다

양손 엄지와 검지로 네모난 화면을 만들면
산이 출렁이며 물결로 다가오고
하늘이 바다가 되고 구름이 조각배가 되어
둥둥 떠다닙니다
불가능의 꿈을 이룬 주름에 형형색색이 물듭니다

너나 나나

손바닥공원 한 구석에 메마른 나무
삼색 고양이 까치 사냥에 나섰다
막 뛰어오르는 순간
때마침 자드락비가 쏟아진다
방향 잃은 까치와 삼색이는 순식간에 목적을 잃었다
관객도 목적을 잃었다

갈 곳 없기는 너나 나나 한 치도 다르지 않다
이정도 살았으면 황진이나 흥부나
너 정도 살았으면 까치나 삼색이나
어디로 향할까 정하기는 하등 문제없다
그래도 너희에게 비하면 내가 괴테다

알겠냐? 내일 날씨는 내일이 결정한다
따라서 내일은 도무지 알 수 없는 날
단언컨대 내일 만나도 네가 너냐 할 뿐
단지 술맛을 모르는 너희들이 안타까울 뿐이랴
그래도 내일 눈은 뜨자

• 박필우

4월이 가면

옷장을 열었을 때 냉한 바람이 갈등을 부추기면
방문을 두드리는 4월의 소리가 들립니다

내 어머니 마지막 하늘 길
벚꽃 잎 묵향에 감싸 술잔을 떠다니던 4월입니다

분홍필터를 끼운 눈에 세상이 야단스러우면
숨이 가빠 길 잃은 4월입니다

꽃잎 꽃가루 물결 위에 둥둥 떠다니면
아, 진혼의 북소리가 4월을 울립니다

못다 접은 노란 종이학 팽목항 바다를 수놓으면
착해서 죄스러운 그리움의 4월입니다

망자를 위한 춤사위에 혼을 맡기고
생명과 죽음이 공존하는 4월입니다

꽃향기 봄바람 타고
4월이 스치듯 갑니다

그렇게 인연 한 겹이 지나갑니다
살아 있어 죄인이 된 4월이 그렇게 흐릅니다

차마 지지 못한 벚꽃처럼
다가올 5월을 향해 힘겹게 내딛습니다.

• 박필우

자작극

빗소리에 깨어난 아침 무료함에 반전을 일으키며 밀려드는 군상 허영의 파도에 예민한 감수성은 그때마다 롤러코스터 탄다

아웃사이드 고독 화강석 질감에 씻어내고픈 욕망에 몸을 비튼다 단아한 몸매 섬세한 조각에 설렌 가슴, 부족함에서 우러난 기복의 몸부림은 지난 영상과 함께 상상력을 자극한다

두 마리 봉황이 여의주를 희롱하면 철감선사 승탑에서 꽃이 피어나고 탱탱 정 맞는 소리가 하늘을 울리면 당초문이 기적처럼 피어나는데 천상의 극락조가 리듬을 타고 보일 듯 말 듯 환영처럼 춤을 춘다 지대석 팔각의 면을 빌어 용기를 응원하는 사자가 포효하자 끝끝내 간절함은 희망이 되어 하늘을 떠다니게 한다

하늘이 노했다 천둥소리가 나의 애를 끊자 꿈에서 깬 감수성에 감춰진 허영 때맞춰 내리는 빗소리가 미약이 되어 초심을 허물고 게으름의 향기가 행복으로 몽글몽글 솟자 간사한 몸뚱이 안주安住를 유혹한다

이보다 하릴없이 비 오는 월요일은 나른함의 극치 어줍은 시인은 가슴을 촉촉이 적실 술시를 기다리며 침묵으로 일관하는 전화기만 바라본다 시간이 흐를수록 인간사이의 간극이 극도로 넓게 벌어지고 달력에 사랑의 흉터 하나 없는 삶이 빗소리를 응원한다

무덤덤한 인생에 조미료 맛이란 오로지 자작극
마냥 간절한 막걸리 생각 내일은 내일 오늘의 할 일을 내일로 미룬 자기기만의 행복

착각이든 이상이든 햇살에 녹는 아이스크림처럼
술시 그대는 나태를 부르는 미학시

• 박필우

천사가 왔다

어슴새벽
밝게 떠오르는 하늘에 국화꽃을 닮은 조각구름 하나
편의점 의자에 웅크린 초로의 남자
그에게 다가오는 종종걸음

이가 빠진 술잔에 넘치는 사랑으로
고독의 그림자를 밀어낸 필연의 천사

살아야 할 가치를 잃은 채 죽음과 삶 사이
아슬아슬한 줄타기
그 끝에 찾아온 동정 어린 손길의 온기
삶의 끝자락이 천사로 인해 외롭지 않았노라
주름진 얼굴로 흐릿하게 미소 짓는다

마지막 길을 배웅하는 추모의 시공간
청록색 플라스틱 의자 위 백설 두 송이
노란 병아리 한 송이
향불 대신 번지는 겨울 햇살 속 꽃향기
파란 막걸릿병, 미미한 파장을 일으키는 뽀얀 술잔

사과 크래커 알사탕이 소소리바람에 춥다

산 자는 살아가야 한다는 냉엄한 진실
장례는 순식간에 흔적도 없이 사라졌다

토요일 이른 아침에 일어나 서둘러 화장을 한 그녀
새봄, 바람에 리듬을 타고 다시 시작된 종종걸음
사랑은 마냥 주는 것이란 평범한 진리
그녀의 손길이 새롭게 닿은 곳에 핀 봄

플라타너스 꼭대기 파란 하늘에서
국화 송이를 닮은 흰 구름이 지극히 내려다보고
그녀 옆으로
자전거를 탄 중년 사내의 무심한 뒷모습이
멀어져간다

• 박필우

추억의 편린

가을, 인생도 삶도 성큼 다가와 코앞에 내려놓고

푸르렀던 시절에 찬바람이 불어 앙상한 나뭇가지 흔들고 텅 빈 들판에 마른 풀잎만이 스산하다 더는 돌아갈 곳 없는 겨울 풍경

불행과 행복은 양면 행복은 유동적 후후 불어 떠넘기는 뜨거운 국물 한 그릇에 얼었던 몸을 녹이던 저녁처럼 혹은 까닭 없이 말간 하늘을 바라보던 어느 오후처럼 찰나에 찾아오는 작고 따뜻한 온기

욕망을 좇아 질서를 무너뜨리는 발버둥은 차라리 슬픔 속절없이 시달리고 고난의 길에서 허덕이라 스스로 부추길 수는 없는 노릇 노예처럼 살았어도 남은 삶에 망각의 명약을 들이켜고 욕망의 누더기를 벗어 훨훨 나는 듯 자유롭게

신은 멀리 있고 사람은 가까이 있어 사람을 향한 사랑이 우선 황홀한 노을 바라보는 노년이라 반전을 꿈꾸기엔 늦었다고 할지라도 이상을 가늠쇠로 긍정의 기제는 가늠자로 춤추는 과녁을 향해 당길 일

이제 와 꿈꾸는 것이 우습다 할지라도 낡은 창을 열어 잊었던 조각을 끼워 맞춰 생의 마지막에 남을 둥글고 온전한 영상이 비로소 허상이 아니었음을 증명해주리

그런 후에야 생 끝자락에 누군가 흠모가 따른다면 만족한 삶이라

• 박필우

산자의 영혼

서리가을에 살을 애는 마칼바람
칼날이 스친 새벽안개에 흐릿한 영혼
등걸이 갈라진 듯 체념의 발자국을 따르는
소금기 밴 마른 등뼈에 속속들이 저민 시간
찢어진 깃발 바람을 타고 가슴에 난 상처를 때린다

끈끈한 진흙더미에 빠진 날들이 목을 옥죄고
어둠이 게걸스레 심장을 갉아먹던 계절에도
균열 위로 돋아난 노란 민들레에 떨어진 이슬방울
약동하는 생명의 터전임을 자각하며
숨이 멎은 기억에 약초를 덮는다

풀 한 포기 살지 않은 메마른 황야에 버려진
슬픔의 뼈에 새살이 돋고
옹달을 뚫은 고목은 생명의 에너지로 거듭난다
터진 껍질 사이 한 줄기 빛으로 부서지는 조각
그저 버텨야 하던 영혼의 문신에 향수를 뿌려라

낱장으로 흩어진 영혼은 독특한 기억의 빛과 색으로

세상에 하나뿐인 모자이크를 완성하리라
산자의 영혼이여 흐르는 자의 꿈이여
하늘에 뜻을 밝히고 달물결에 이 밤을 넘긴다.

• 박필우

A나 B나

아이들 새된 목청 파란 하늘에 울리고
공원 메마른 나무 끄트머리 반가운 움직임
흔한 까치소리에 솟구치는 싸구려 기쁨

허약한 시간을 추구하는 나의 하늘이
바람을 담고 구름을 다 담아도 갈증내고
영혼은 공허의 급류에서 자맥질이다

누워 떠다니고 있는 나에게 생사를 묻지 마라
더 높은 하늘을 향해 네가 왜사냐고 물어라
A나 B나 다 부끄럽거나 모두 부끄럽지 않거나

하늘이 허락한 오늘은 어제처럼
내일도 평범한 일상에서 오늘처럼
세상과의 간극 역시 한 치 오차도 없다

세상을 향한 희망은 이렇게 시작되는 법

꿈의 파편이 모여 바다를 품다

가느다란 실 한 가닥에 매달려 긴긴 세월 꿈만 꾸던 어둠 속 투명 이파리 날개 하나, 현실과 환상 사이 아득한 허공에 노래를 따라 부른다

차가운 얼음이 녹아 끓는 바다를 품듯 수많은 기다림, 잊지 않으리다. 껍질을 깨던 날들의 흔적, 단순한 기적이 아닌 오늘을 살아낼 열망이었으니

혼돈을 뒤집어 춤추던 시절을 떠올리며 세상 향해 날개를 펼치자 눈물로 빚어낸 사랑의 형상은 불가능을 넘어선 희망의 전설이 되고 또 그렇게 현실이 된다

뿌리 내리던 어둠의 시간을 벗어난 너는 자유를 품고 비가 되어 내린다. 때로는 시공을 떠도는 햇살이 되어 찬란한 날갯짓으로, 남겨둔 꿈의 조각 알알이 맞추며, 구름을 뚫고 태양을 향해 점이 되어 나아간다

세상은 또 하나 파편이 된다

• 박필우

만추, 즐기다

과하게 궁금하면 그리운 법

화면 속, 형형색색 산등성이 일렁이며 다가오고, 여인네 매끈한 종아리 아래 끈 없는 신발, 타탄체크 치마가 바람에 날려 유혹에 이끌린다.

내가 물감이 되면 네가 바람이 되어 풍경이 되라, 은빛 반짝이는 버들치를 따르자 하늘에 배 띄워라. 주책없는 수도승 파계인 양 조소와 야유에도 색을 입히고 형형색색 광휘의 찬사가 메아리 되다.

윤슬 반짝이는 반변천 수면을 튀어 오르는 피라미들, 그들만의 축제를 햇살이 저격하고, 이심 동심, 날씨가 좋아 생각났다며 전화 준 선배. 울림은 대번에 시공을 뛰어넘자 파르르 소름이 돋는다.

이때다. 바람처럼 달려 넓은 이마에 나뭇잎 하나 붙이고 와야겠다. 그래도 시간이 남는다면 막걸릿잔에 단풍잎 띄워 가을을 후후 불어가며 마실 테다.

그리고 다가올 계절을 기다리며 나는 깊은 잠이 들 터이다.

• 박필우

독백 (Monologue)

지배자를 좇아 먹이에 꼬리 치던
굴종이 인생철학이라 우기며
습관이 길을 만들던 시간

남겨진 것은 차가운 바람, 앙상한 가지
정처 없는 나그네 길을 따라
뒤쫓는 굶주린 늑대

힘도 용기도 고갈된 채
검은 암굴로 기어드는
자발적 순종자와 순리의 길

구더기 밥이 되어
흔적 없이 사라져도 좋을 쓸쓸하고 가련한 주검에
눈물 한 방울 흘려줄 이 없으리라

그대 만약, 굴종하지 않은 삶이었다면
겨울잠 깬 곰의 간식이 되어도
멋진 죽음이라 찬사의 춤을 추리라

창백한 숲
밟히는 낙엽 소리가 여전한 아침인 양
서러워 차마 걷지 못한다

깊숙한 그 아래
흙으로 돌아가는 외로운 주검
참으로 장엄한 광경이다

이른 봄날
너도바람꽃으로 태어나리라

• 박필우

뒷모습

앞서서 감춰 봐도 소용없는 진실
누구나 알아보는 너의 뒷모습

너이지만 네 것이 아닌 너
마주할 수 없는 그 모습의 너

밝히지 않아도 솔직한 네 모습
그것을 진실이라고 한다

하지만 있는 그대로의 사실과는 정확하게 달라
보는 각도에 따라 갈래로 나눠지는 진실

본래의 나, 판단 받지 않은 사실
그대로의 네가 되고 내가 되고

진실을 바라지 않는 나는
사실 앞모습을 바꿀 생각 전혀 없어

앞모습 포장하니 뒤가 걱정인데

너처럼 뒷모습을 걱정하고 싶지 않아

나는 그저 나야 나
앞뒤 없는 온전한 내가 되고 싶은 거울

• 박필우

똑 소리 나는 여자

똑똑한 여자

누군들 똑순이라고 생각하지 싶다
똑 부러지게 말을 시작해, 똑 소리 나게 맺는다
똑 소리를 내기 위해 앞서서 분주하다

깊이 아는 것은 없지만, 다양하게 말이 많다
그래선지 말하기 전에 입이 딸싹댄다

메말랐다

마음은 잘 모르겠지만
마치 보란 듯 앞에서 바람이 심하게 불어주던 날
나는 그녀 알몸을 봤다
부지깽이 중간에 볼록 튀어나온 옹이 같은
그녀 배꼽을…
그리고 말이 많은 사타구니를
저 몸으로 아이는 어떻게 낳았을까 싶었다
그것도 셋씩이나

저 여자는 아이를 생산하는 중에도
말을 많이 할 것 같았다
그것도 남편이 입을 다물 수밖에 없이 똑 소리 나게

그래서 여자는 위대하다고 생각하였다
위대한 여자는 마주하기 두렵다
더구나 위대하고 말이 많은 여자는 더불어 무섭다
결국 여자는 무섭다

그래 닥쳐!

• 박필우

맑은 날은 바람이 분다

화창한 날
투명한 햇살에도
자연의 장난인 양
회오리바람이 몰아친다

태풍이 올 것 같지도 않고
기상청 예보조차 조용한데
나뭇잎은 소란스레 공포의 몸을 흔들고
창문 너머 네거티브 그림자마저 음양의 춤을 춘다

오늘도 어제처럼 맑고
어제처럼 폭력을 참아내며 몰아치는
내일도 어김없이 맑은 날에 높새바람
방범창에 붙었던 나비가 툭 떨어져 난다

요동치는 날갯짓 끝이 햇살에 녹고
가뭇없는 고요는 적요의 미약
나른함과 게으름이 뼈마디에 연결되고
맑은 날에 일어나는 유일한 요술

life

• 박필우

번뇌의 춤을

애착을 빙자한 집착은 자학적 갈등을 증폭하고
스스로 진화를 거듭하다 끝끝내 심연에 잠긴다
꿈? '헛 헛!!!'
가없이 빛바랜 희망이 비웃기는 이때부터다

웃어라. 그러나 알겠으니 보채지 마라.
그대 알다시피 패자에게 어떻게 살아갈 거냐고
다그치지 마라
너와 내가 시간이라는 거대한 자석에
공평하게 끌려가는 중이라
언제 어느 때가 될지 알 수 없지만
아버지가 그랬듯 나 또한 어떻게든 결론날 것.
그러나 허겁지겁 객창의 추억을
솜이불로 마감하진 않을 터

자애아적 냉소는 애벌레 살결에 일침을 가하고
번뇌라는 필연적인 소음의 리듬을 살리며 몸을 비튼다
낙뢰에 직격당한 듯 정신을 흔들자
우물에 빠지든 낭떠러지에서 유영하든
지구가 돌아가는 소리 이명에 맞춰

먼지가 떨어지는 리듬 환청에 몸을 맡겨
주름이 주는 뒷걸음질로 하나 남은 광대인 양
눈을 감고 번뇌를 녹여 자아의 춤을 추자

• 박필우

매일 꿈을 꾸다

매일 밤 찾아오는 꿈
흐릿한 화면에 천연색인지 흑백인지 가물가물
편집조차 엉망진창이다

문득 돌아가신 아버지 어머니가 나타나 끊어졌다 이어지고 세상의 온갖 잡음 속 죽은 형 매형 작살에 몸이 관통된 물고기가 공허하게 떠다닌다

현실의 그림자를 좇는 듯 목적 없는 여정을 서두르며 바위를 타고 오르다 떨어지는가 하면, 답답하고 복잡한 골목에서 출구를 찾지 못해 공포의 짓눌린다

꿈에서 깨고 나면 미지의 영혼에 탈탈 털려버린 채 공허에 허우적대는 나 여행이라도 훌쩍 떠났으면 하는데 몸도 마음도 분주하다

뒤엉킨 꿈과 나르시시즘의 환상 쾌락의 영혼이 충동질하면 현실도피의 유혹을 느끼며 낮게 깔린 회색 안개에 굴복하는 나

타락한 어둠 속 밤하늘에 아득한 빛조차 힘을 잃어가고 끝 모르게 이어진 실골목을 누비며 새벽을 맞는다

나는 잊기 위해 얼굴에 찬물을 퍼붓지만 더욱 선명하게 살아나는 지랄 같은 꿈은 나를 놓아주지 않는다

• 박필우

인간 나침반

어둠의 심장이 북극성을 꿈꾼다
피 끓는 욕망의 엔진이 으르렁대는 소름
그늘 속, 쇠창살을 긁어대는 발톱의 시기
녹슨 나침반은 얼어가는 물고기처럼
제자리서 경련을 일으킨다

혀끝에 녹아내리는 달콤한 독
쾌락을 유혹하는 설탕 같은 달콤한 함정
갈증은 시지포스의 바위가 되어 짓누르지만
금지된 리듬은 귓속을 파고들어
뜨거운 숨결로 다가온다
'인간이 동물과 다를 게 무엇이냐?'

동물은 신을 믿지 않는다. 나는 신을 믿지 않는다
동시에 두 개의 심장이 뛴다
하늘을 기억하는 영혼의 뼈
흙을 기억하는 본능의 살, 나는 인간인가 동물인가
동물이었다가 인간이 된 것인가
갈라진 발자국 사이에서 나는 흩어진 퍼즐 조각

'너란 인간은 노력하는 한 방황하게 되어 있지'

파우스트의 비웃음이 잎맥을 흐르는 독초처럼 스미고
방황하지 않는 즐거운 방법, 나는 외친다
노력하지 않겠다!

창문에 비치는 흐린 영혼의 그림자
나침반은 미친 듯 춤을 추고
가치는 그때마다 내 안에서 허물어진다

그럼에도 불구하고
상처 입은 영혼을 본능인 양 따라나선다
가까스로 내 이름이 새겨진 묘비명을 지운다

• 박필우

붉은 화석

어둠의 굴욕 속 싹을 틔우고
붉디붉은 빛은 태양에 눈 멀다
바람은 가지마다 검붉은 향을 담아
심장 구석구석 가시를 박는다

그토록 고운 자태 뒤
줄기마다 가시 돋친 뭇 손길 어둠을 견뎌내며
긴 침묵의 시공간 송이송이 피어나는 아픔
과거의 변질된 흐름 속 축약된 시간
태곳적 혼을 살린 너의 악착은 반전이 되리니

뚝뚝 떨어진 이파리 붉은 강물이 되어
먼 길 소리 없이 흐르고
어둠과 빛이 교차하는 그곳
세상의 빛이 닿지 않는, 숨 멎는 순간에
화석이 되어 잠든 영혼으로 살아 있으리니

핏빛 먹물로 적신 장미 한 송이
그렇게 반전되어질 운명이라며

다시 붉게 새벽이슬로 향기를 씻는다

세상의 향에 취하지 않은 내 안에 심박,
너는 검붉은 에코

• 박필우

아지랑이 소리가 들려

탄력 잃은 시선을 흡수하느라 숨이 차다
고개 숙이며 걸어가는 닫힌 네 뒷모습
오감을 열면 텃밭위에 노닥대는
아지랑이가 들릴 게야

지난 봄, 이별의 중간 쯤 시작된 시선의 되새김질
붉은 노을을 닮은 그리움이
높은 바람을 타고 흐르지만
영혼에 어둠이 찾아와도 표백 따위는 일절 없어

도서관을 찾은 것이 지식을 위해서가 아니야
아지랑이 장단에 맞춘 쉼 호흡에 숨이 멎어도
네 모습을 훔쳐보는 눈길에 담긴 아롱진 빛

시선을 의식하고 눈을 감아도 좋아
아지랑이 날아들어 환란의 춤을 추고
잔상 현상에 눈이 멀어 세상이 사라졌을 때

눈물겨운 사랑은 딱 거기까지야

고개 돌리지 않아도 알고 있었어.
생소하게 생긴 시선이 볼을 툭 건드릴 때

너를 바라보는 너를 다른 누군가가 보고 있어

• 박필우

역맛살의 꿈

기고만장하던 과음의 밤이 지나 바닥을 긁으며
'술은 그만' 스스로에게 다짐했다

늦잠에 깨어난 집은 적막만이 가득하다
춥다, 이 하릴없는 고요함이 더 춥다

창을 열자 가슴을 스치는 서늘한 바람 한 줄기
반대로 속에서 끓어오르는 목마름은 타오르고

폭포수인 양 거침없이 찬 커피를 들이킨다
목을 타고 내려가는 지구 중력에 즐겁다

일상의 공허 속, 창 너머 하늘을 올려다보았다
은빛 비행기 반짝이자 화들짝 놀란 역맛살 본능

저 바다 건너 남겨둔 꿈이 못내 사무치게 요동친다
마른 침을 삼키던 시인은 술잔 속

그리움의 항구를 그린다

의미하는 것

필연적 인연이라 그러려니
그저 존재하지도 않는 것처럼
네가 돌리는 향기를 쫓아 기계처럼 조아리며
천장지구, 영원히 변할 수 없는 존재로
내가 아닌 사랑을 시간으로 나눠 살았다

더디고 더딘 시간의 흐름 속에
문득 날개를 스치며 황혼을 알리는 바람
꽃보다 더 빨리 시드는 코
자유의 갈망으로 인한 너의 공허를 깨닫고
흐름을 박차고 박제된 절망의 껍데기를 벗었다

소리 없이 서성댄 철없는 계절
의심의 촉수가 나침반이 되어
접은 날개를 수리한다
봄은 이내 신앙처럼 변했거니
날개를 펼쳐 먼 길에 대한 의미를 품는다

• 박필우

오늘 이 기적과도 같은

믿음이 없으니 이만큼 자유로운 삶도 없다
자유. 나는 여태 자유인이었다
강요되지 않은 삶을 의지대로 펼친다는 의미
그대 알다시피 자유를 누리는 만큼 외롭지 않았다

멈춘 듯 흐르는 시간, 실향민의 정신적 소외
있어도 없는, 정신적인 소외에 빠진 희열과 지고지순한 안식에 스스로 녹아들려는 여린 마음이 만들어낸 행위
이 기적과도 같은 기적적인 시간의 연속

하늘의 은혜를 매일매일 받고 살며 의지만큼 의지한 시간과 사건들이 오장육부에서 춤춘다
그대, 이만큼 믿음을 증명해 보였으면,
존재를 증명해 내게 기적을 일으켜보라

과거에서부터 현재를 거쳐 미래에 이르기까지
곰삭아 문드러진 비극의 악취를 털어내고
그대를 위해 춤을 춘다
나는 선현들이 갈겨놓은 지혜의 부스러기를 읽으며

마음에 갑옷을 두른 양하고
한 줄 글을 취하면서
세상의 온갖 지혜를 얻은 척 으스댄다
그대도 알다시피 거울을 마주하기 두려운 까닭이다

나는 절망에 가까운 그리고
기적과도 같은 오늘을 숨 쉬는 유목민
죽음과 거리가 그리 멀지 않은 지척에 있으면서
여유로운 미소를 띠기 위해 애쓴다

그대가 하늘에서 나를 내려다보지 않았던가
하늘은 나를 버렸고 나는 나를 버렸다
체념 속, 내일은 어제와 다를 것이라 단언하고
일찍 잠을 청하는 내가 그대와 다를 게 무엇인가

• 박필우

이카로스 – 날다

어둡이 짙다
이토록 청춘의 용기처럼 지치지 않고 밀려오는 파도
날카로운 물갈퀴가 되어 허공을 때리자
고통은 해마다 찾아오는 절기처럼
숨 막히는 반복을 시작하고

눈물, 피눈물인지
한때는 부드러운 솜사탕이 눅진해져 얼룩진 영혼
끈적끈적해진 가슴, 산산조각 난 하늘이
파열음을 내며 파랑파랑 떠돌아다닐 뿐

파도가 착 착 착, 달라붙어 몸을 휘감고
심연으로 당긴다
그러니 몸을 맡겨 침묵할 수밖에
참고 기다렸다
하나의 점으로 변하는 태양과 같은 시선의 시간을

기다림은 겨울을 견디는 자작나무가 되고, 침묵뿐이든 메마른 풀들이 사각사각 애증의 볼을 비빈다.

붉디붉은 빛이 진화를 거듭하며
아무 것도 보이지 않을 때

등피 속 가느다란 빛
그것이 나의 유일한 심장이 되어
아득한 바다 저편 희미한 빛을 향해
어둠을 유영해 섬에 닿자
바다와 하늘의 경계가 의미를 잃었다

파란 세상에 한 점 구름
먼 바다에 점이 된 갈매기
저기 바다에 포말을 일으킨 이카로스
모래에 우두커니 나
점이 된 나에게 이카로스 날개가 흩날린다

쪽빛 바다에 하얗게 빛나는 점, 하나 둘 셋
은빛 꿈을 실은 만선의 배를 띄운다
이카로스가 파도를 박차고 하늘을 난다

• 박필우

이카로스 - 시선

어니스트 리빙스턴 조나단은
먹이를 위해 날지 않았다
오로지 남보다 높이 오르기 위해서다
높이 나는 새가 멀리 본다고?
이카로스가 아버지 다이달로스 충고를 깜빡 잊고
태양 가까이 날아올라 날개가 떨어져
바다에 하얀 포말을 그렸다

이카로스를 무모하다든가
젊은 치기나 도전이라 하자
아니, 마냥 신이 났을 뿐이다
신명에 혼을 놓았다
몸뚱이가 높이 오를 때
처음 맛본 희열에 혼을 잃었다
갈매기 조나단도 이카로스도 감출 수 없었던 꿈
본능을 이겨낼 욕망을 욕망하면서 만난
자아를 잊은 이상

머리를 모래에 옆으로 뉘고 바다를 본다

포말을 일으키며 흰점이 된 이카로스를 받은 바다는
한 가닥 실이다
길고 긴 시선 끝까지 이어진 파란 실이다
바다 너머까지 이어진 상상의 실이다

파도 소리가 리듬이 되어 그대 비명처럼 들린다
최후의 날갯짓이 파란 하늘로 솟는다
얼굴을 하늘로 향하자 이카로스가 날고 있다
최후의 이카로스는 태양으로 날아 불이 붙었다

• 박필우

종이학

허공을 유영하던 종이학의 날갯짓
푸른 바다에 몸을 적시고 숨을 고른다
물빛 하늘을 당기며 어스름히 물들이자
장막 치는 소리 울리고
이 세상 진혼의 노래를 부르며
지나간 시간의 그림자를 감싼다

흩어진 꿈 실은 채 무채색 바다에
사계절 빛을 흩날린다
바람 끝을 따라 물결에 하모니가 울리면
물살을 따라 흐르는 꽃잎이 찰랑찰랑
구애의 춤을 추며 따른다

바다를 유영하는 종이학에 영혼의 불이 붙고
날갯짓마다 아롱진 꿈의 파편이 물결 위로 솟는다
수평선을 가르는 실루엣에 장막이 걷히자
구름 위로 붉게 그을린 해가
바다에 모습을 드러낸다

하얀 상자를 안은 아이의 눈망울에 맺힌
잃어버린 품속의 기도가
첼로 선율이 되어 포말로 스며들면
저녁노을 아래 불길이 물 위로 번진다
붉은 석양에 불이 붙은 종이학이
긴 꼬리를 달고 춤추다
이내 빛이 되어 사라진다

종이학 사라진 바다위로 물길 흩날리며 바람이 분다
또 그렇게 세상에 꽃비가 흩날린다
아이가 가슴에 안은 상자에 입을 맞추고
고개를 든다

• 박필우

주망과 선약

일요일 낮술의 안개 속
까무룩 선계를 오르내리는 나른한 미약
소파와 한 몸이 되어 본능처럼 따르는 흐릿한 시선

흐려진 화면이 점차 선명해지고
고무보트가 포경선에 맞서자
몽롱함의 극대화로 순식간 침묵하던 영혼이 발기하다
이내 취기 어린 분노는 전화기를 든다

다행인지 휴일은 움직임이 더딘 날
음성사서함으로 인해 정신을 돌리는 데 걸린 시간은
찰라
월 일만 오천 원 막걸리 잔을 살려냈다

월요일 아침은 서울의 봄
아리따운 목소리가 귓속을 통해
가슴에 북소리를 울리고, 연인이 속삭이는 양
영상이 되자 기어이 술잔을 깨트렸다

절대자의 선물 술은 거울의 확장
미로의 끝에서 자연의 섭리를 관조觀照하게 하는 창
콘크리트 회색의 간섭을 벗어난 권리와
선택의 자유를 만끽한다

하늘과 땅 사이 나는 어디쯤 서 있을까
내가 마신 술은 주망酒妄인가, 선약仙藥인가
판단과 선택은 어제처럼 자유로운 영혼의 몫

• 박필우

탈피

인고의 퇴적층을 이룬 인적 끊긴 산속 땅속 깊은 어둠이 감춘 신비 미미한 숨소리 작은 진동

살갗을 적시는 습기에 숨을 쉴 수 없는 너는 점차 희미해진다 실낱같은 빛 가느다란 너의 처절한 발버둥을 나는 여전히 기억한다 땅속 어둠을 찢어 촉수를 뻗는 너를 떠올린다

과정이 이야기가 되고 꿈이 전설이 된 너만의 미래를 그린다 뿌리가 하늘을 향하는 익숙한 습관에서 벗어나려는 몸부림 어둠 속에서 솟아오른 네가 땅 끝에 야생화와 만나길 소망한다

눈을 감고 숨을 멈춘다 하늘을 대신한 바람이 볼을 툭 친다 아침 이슬이 영롱한 보석이 되어 몸을 적신다 눈을 뜨자 바닥에 뒹구는 나를 검은 점들이 달려들어 잔치를 벌인다

숲이 고요히 숨을 쉬는데 하늘이 무심히 내려다보는데 지구가 돌아가는 소리에 맞춰 동살이 비추고 해가 뜨고 있다

바람을 탄 나는 알 수 없는 향기에 이끌려 날개를 힘차게 젓는다

• 박필우

그럼에도 불구하고

함께 늙어가고 함께 노을을 바라보며 나란히 앉아 음악을 듣고 싶다 어두운 영화관에서 함께 팝콘을 먹고 하나의 빨대로 콜라를 마시며 너무나 인간적인 영화를 감상하고 싶다

우연히 지하도에서 그녀와 마주쳤다 냉랭한 표정으로 앞을 스치며 서로 모른 척하고 지나친다 집에 다 왔어도 선뜻 들어가지 못하고 공원 의자에 앉아 휴대전화만 만지작거리는 날 하늘에서 초승달이 슬프게 웃는다 가슴이 쓰려 콘크리트 바닥을 쪼아대는 까마귀가 된다

오동통한 볼에 연지곤지 찍고 색동저고리에 족두리까지 쓴 채 천사인 양 바라보던 시선이 고드름송곳 사위어가는 폐가 거미줄투성이가 몸속 내장 앞마당을 점령한 풀 스러져가는 슬레이트지붕아래 떨어져 나간 문짝 앞을 스치는 건조한 바람 새까맣게 태운 냄비 바닥 캣맘을 기다리는 고양이 눈 숲에서 들리는 새끼 고양이 울음소리 어둠 속 홀로 바위에 올라선 잿빛두루미 골목 안 깨진 유리창 넘어 먼지 속 널브러진 집기들이 내는 신음이 나를 슬프게 한다

그럼에도 불구하고
하나의 빨대로 콜라를 마시고 싶다.

• 박필우

살려고 태어났다

수녀님 좁은 어깨 사이를 비집고 은빛 햇살이 내려앉았다. 확고한 종교적 신념이 담긴, 이보다 더 경건할 수 없는 발걸음을 따라잡았다. 멀리서 목회자 주술 같은 소리가 나뭇잎 사이로 가늘게 들리고, 신을 향한 간절함이 남 같지 않다. 실골목을 벗어나 편도 2차선 인도에 올라섰다.

차라리 골목이 좋았다. 타인의 무심한 눈길이건만 아무리 반복되어도 그때마다 제 혼자 한기를 느낀다. 그러니 내가 죄 없는 죄인인 양 고개를 숙일밖에….

일에 쫓기는 양 횡단보도를 바쁘게 건너고 휴대전화기를 들어 시간도 확인한다. 매끈하게 빠진 얼음장 같은 사각의 건물이 자본의 위용을 자랑하고, 넓은 배를 드러낸 10차선 도로를 위세 좋게 질주하는 자동차들이 저마다 바쁘다.

토막토막 하등 의미 없던 지난 순간을 이어 붙이자, 도무지 어디를 향하고 있는지? 깨닫고 보니 목적은커녕 갈 곳도 오라는 곳도 없다. 그럼에도 불구하고 함께 천국에 가자는 인간의 유혹을 허세 좋게 뿌리친다.

골목이 제격이다. 예수 천국을 뒤로하고 실핏줄처럼 이어진 골목으로 생소한 발걸음을 옮겼다. 한밤의 잔재들이 어렴풋이 남아 시선과 코를 비릿하게 만든다. 그래도 시멘트 담장 아래 한 줌 흙에 삶을 지탱한 노란 민들레가 자연의 경이로써 계절을 알린다. 깨진 간판 사이로 딱 고만큼 골목으로 햇살이 비친다. 태양이 주는 알량한 축복.

냉소를 머금은 채 마주 보고 있다. 눈에서 멀어지면 마음도 멀어진다는데, 순 거짓말. 몸이 가까이 있어 마음이 가까워져야 하건만, 점점 더 멀어지기만 하니 기가 찰 노릇이다. 마음을 비집고 냉기가 든 것이고, 그 틈에 몹쓸 바이러스가 정신을 갈라놓았다. 무지갯빛이 현실이라는 시공에 걸리자, 갈등으로 변신하는 일은 순식간이다. 비난만이 난무하는 부정할 수 없는 미래.

분리수거도 힘든 난삽한 삶을 실은 버스가 외롭다 흔들린다. 의미 없는 목적지를 향해 쉼 없이 달려주니 그저 좋다. 숨죽이던 세포에 생동이라는 리듬이 빠르게 들려왔다. 창밖 풍경처럼 음과 박자가 정신없이 바뀐다. 마음의 소음을 벗고 잠을 청한다. 흔들리는 버스에서 잠을 잔다는 것은 기적보다 더 힘든 일임을 이내 깨닫는다.

침묵이 쌓이고 절대고독이 엄습한다. 몸과 마음을 움츠리며 고독이 물어뜯도록 정신을 맡긴다. 창밖은 빈틈없이 화창하다. 게으른 놈이나, 놀기 좋아하는 백수가 딱 좋아하는 날씨다. 외로움에서 출발한 고독은 익숙해지기 마련, 가슴에 물기가 스며든다. 아마도 햇살에 습기가 차서 일 게다.

돌아오는 버스는 어둠을 뿌리며 잘도 달린다. 창밖은 풍경은커녕 삶에 찌는 중늙은이가 어둠 속에서 마주 본다. 꿈을 많이 꾸어서 더 빨리 늙어버린 영혼이 세상을 향한다. 절대 무위 고독 속 심연의 잠에 빠진다.

꿈인가 환영인가, 온통 파란색에 더없이 희고 빨간 등대가 서로를 향해 빛을 나눠주고 있다. 거실이 더 없이 밝다. 눈이 부시다.

• 박필우

리얼리스트

물을 갈아주려고 꽃병을 들자 꽃잎이 퍼석 소리 내며 떨어진다. 싱크대 물에 잠긴 빈 그릇들 위로 힘없이 내려앉는 자태가 영혼이 빠진 뼈다

거울에서 시들어가는 나와 앙상하게 메말라가는 꽃송이는 앙상블 선택적 행운으로 인해 화병에 남은 향기는 분홍이고, 소리 없이 싱크대에 쓸려 사라지는 향기는 회색

텅 빈 집안에 온통 꽃향기다 세상에서 가장 안타깝고 속상하면서 슬픈 꽃다발 다섯 개다 아내가 18년 근무를 마치고 퇴직하며 받은 꽃이 제각각 향기를 섞어 낙담의 축제를 벌인다 정지된 삶 속 백합이 녹는 냄새는 시궁창보다 역겹다

퇴직과 동시에 두통과 위장병에 시달리는 아내 그런 아내를 바라보던 남편의 시선은 이내 허공을 향한다 18년 동안 생각이 거대한 모함처럼 다가온 게다

아내가 급하게 약을 찾아 넘긴다

침대에 걸터앉아 휴대전화기를 만지작거리던 아내가 설거지를 끝낸 뒤 스포츠 재방송을 보는 내게 오늘 안방에서 자면 안 되냐고 묻는다

그동안 숙성되어 도무지 알 수 없게 변한 향기가 한꺼번에 덮친다 백합을 버렸다 카네이션이 고개 숙이자 분홍 장미가 씁쓸히 웃는다 언젠가 아내가 장미꽃을 사고 싶다고 한 말이 떠올랐다 핏빛보다 진한 빨강 장미를 좋아했었다는 사실도 생각났다

생각났다. 태곳적 태어날 때부터 앓았던 그 병명
고독에 외로움의 이물질이 섞여 발효와 부패가 거듭되자 불감증 조급증 그리고 불확실성 발 영혼에 점령당한 미래

그리고 생각났다
기억의 촉수로 인한 불가능에 대한 아름다움의 꿈
리얼리스트의 희망

• 박필우

아빠 신부

바다 끄트머리
있을 수도 있는 절벽을 향해
바람과 파도에 맞선다
세상을 향한 저주 얼마든지 퍼부어라
폭풍우 파도를 세워 찢어지라 소리쳐라
차라리 울음이 좋았다
하늘이 빗물로 대신 울다

출처를 알 수 없는 말라비틀어진 대추 한 알
바지주머니 속에서 꼼지락댄다
너나 먹어라!
파도가 삼키고 난 뒤 아주 짧은 시간
파편으로 되돌아와 빈 영혼을 때린다

위로의 줄기로 이어진 불빛인가
파도를 탄 한 줄기 심연의 빛이 가슴에 꽂인다
태풍에 길 잃은 영혼의 길잡이
거친 파도 속에서 등대처럼 허우적댔다

아빠 여기서 뭐해? 다 젖었잖아
우리 딸 아이다
큰 우산을 쓴 채 걱정스러운 눈길로 올려다본다
엄마 뭐해?
아빠 신부 코골며 자
너는 왜 안 자?
그렇게 나간 아빠가 걱정돼서.
이제 그만 좀 싸워. 질리지도 않아?
부부싸움 멈추는 순간 인생 끝나는 거여
치…!

• 박필우

악몽

병든 들개처럼 숨을 몰아쉬고 있다. 거실에 불이 켜졌음을 느꼈다. 이내 싱크대 그릇 달그락대는 소리가 들리지만, 바위에 짓눌린 몸은 어둠에 빠져든다. 이 느낌, 처음이 아니다. 잠과 죽음의 경계! 지옥으로 통하는 뚫린 구멍으로 빨려드는 듯한 몸.

정신까지 갉아먹으려 달려든 공포, 깨어나야 했다. 도무지 눈을 뜰 수 없다. 가위에 눌린 가슴에 바늘구멍조차 남김없이 숨구멍을 막아버린다. 아교풀로 붙여 놓은 눈은 틈이 벌어지지 않는다. 발버둥 쳤지만, 기침은커녕 숨소리조차 낼 수 없다. 몸이 더 깊게 빠져든다.

밤인지 새벽인지 도무지 알 수 없는 회색빛 어둠, 인간의 흔적조차 사라진 텅 비어버린 시장, 그곳을 벗어나기 위해 달린다. 앞을 가로막는 정체불명의 쓰레기 더미, 주위를 돌아봐도 넓은 도로에 아무도 없다. 고요가 중첩되어 소름이 된다.

잔뜩 내려 앉은 지옥 같은 어둠, 달린다. 멀리서 버스 한 대가 다가온다. 버스를 타야 이곳을 벗어날 것만 같다. 버스가 섰다. 버스 속이 만원이다. 얼굴을 알 수 없는 인간들에 떠밀려 떨어진다.

검은 먼지를 일으키며 버스는 멀어져갔다. 돌아서자 이내 땅바닥이 질척거리며 발을 빨아들인다. 숨이 차오른다. 소리를 치고 싶었지만, 생각뿐이다.

악몽을 꾸고 있다고 경험으로 알았다. 꿈이라고 단정 내린 후 정신을 차리려 했으나 몸이 움직이지 않는다. 때마침 집을 나서려던 아내가 들어와 '아직 자요?' 하며 손을 잡는다. 아내 목소리가 반갑기 그지없다. 평소처럼 로션을 바른 손이 부드럽다. 매끈한 감촉은 물론, 미미하게나마 온기까지 전해왔다. 어제까지 기를 세운 채 서로를 향해 팽팽한 시위를 아낌없이 날리던 기억, 그래선지 더 반가웠다.

잠과 죽음의 중간, 깊이를 알 수 없는 늪에서 허덕이는 나를 살리기 위해 온 그녀가 고마웠다. 그럼에도 불구하고 눈을 뜰 수가 없다. 아내가 손을 놓으려 했다. 내가 그랬다.
눈을 뜰 수 없어, 놓지 마요.

접착제로 붙인 눈은 세상과 단절을 요구한다. 잠이 달려든다. 버틴다. 아내 손을 놓치지 않으려고 힘주어 잡았다. 아내도 힘을 준다. 그럼에도 불구하고 거대한 바위처럼 짓눌러 오는 잠이 물러서지 않는다.

재차 빠진다면 영영 깨어날 수 없을 것 같은 두려움……. 이러다 정말로 죽을 수 있겠다는 생각이 엄습한다.

살아야 했다. 머리를 흔들었다. 그러나 눈 뒤에서 끌어당기는 잠은 놓아주지 않는다. 팔을 들어 엄지와 검지로 눈을 벌렸다. 형체를 알 수 없는 그림자가 희미하게 아른댄다. 순간 재차 눈을 꼭 감고 다시 힘주어 눈을 떴다. 천장에 둥근 등이 보인다. 아…, 살았다! 눈을 감으면 다시는 뜰 수 없을 것 같았다. 몸을 일으켰다. 창을 통해 본 세상은 더없이 밝다. 태양이 편견 없이 골고루 세상을 비춰주고 있음을 알았다.

애써 버티던 몸이 허물어질 것 같다. 잠에 정복당하지 않기 위해 목을 뒤로 젖혔다. 방금까지만 해도 곁에 있던 아내가 없다. 손을 잡아준 것도 꿈이다. 아내가 날 살리려고 와준 것인지, 내가 살려고 아내를 찾은 것인지 알 수 없다. 손의 감촉이 기억하고, 목소리까지 똑똑히 살아났다.

이내 실망감이 몰려들었다. …, 까지도 꿈이었다.

아무렴, 현실을 직시하자. 비틀대며 거실로 나오자, 벽

시계가 9시를 훌쩍 넘기고 있다.
그렇다면 아내는 절박함이 만들어낸 허상이다.

에너지 고갈을 맛본 뒤에 꾼 꿈. 낙담과 실의에 빠진 채 내일을 꿈꾼다는 것은 이상이란 환각제를 심하게 들이킨 것일 거다. 그럼에도 불구하고.

• 박필우

황금 고목의 혼

대지에 굳건히 뿌리내린 황금빛 심장 시간의 무늬가 켜켜이 나이테에 새겨져 있듯 내 속살의 주름도 네 빛을 닮아가길 간절했다

짓눌린 세월의 멍울이 퇴적층처럼 쌓였는데 텅 빈 손으로 움켜쥔 허공에 앙상한 가지가 뻗고 허기진 손끝에 새싹을 기다리는 마음은 빛바래지 않는다

팽나무 황목근 600년 사연을 품은 너 나누고 비우다 텅 비어버린 밑동 시간의 풍파를 온몸으로 견뎌낸 아버지의 굽은 등 마지막 길의 왜소한 어깨를 기억하며 석양을 삼킨다

내 청춘을 기억하는 너의 그늘 아래 붉은 노을 보며 잘 늙어간다는 것이 이토록 아름다운가를 물었다 검은 속살 드러낸 채 기울어져 가는 몸에 나는 여전히 너의 찬란함을 이야기 한다 깊이 움켜쥔 자존의 뿌리가 미래 긴긴 빛을 탄다

마지막을 기억하며 삶 앞에 무릎 꿇지만 스러져 가는 숨결로 가장 깊은 진실을 속삭인다 흘러도 흘러도 메마르지 않는 강물처럼 오랜 세월 찾은 진실은 내게로 와 더욱더 장엄해졌다

詩 Sizip

초판 1쇄 발행 2026년 1월 30일

지 은 이 서웅교 차승진 박필우
펴 낸 이 김언경
펴 낸 곳 홍익출판
표지그림 박진서
편　　집 조영성
주　　소 대구시 중구 명륜로 23길 38-4
전　　화 053 · 421-6700
팩　　스 053 · 423-5965
E-mail / hongick8821@daum.net

값 16,000원
ISBN : 978-89-7826-319-1